AF602797

TABLEAUX CLASSIQUES

PRÉSENTANT PAR SIÈCLE

Le Résumé

DE

L'HISTOIRE GÉNÉRALE DU MOYEN-AGE

ET DE

L'HISTOIRE MODERNE,

PRÉCÉDÉS

D'UN TABLEAU DE LA FONDATION DES PRINCIPAUX ÉTATS DE L'HISTOIRE ANCIENNE, AVEC LEUR SITUATION GÉOGRAPHIQUE ET UNE NOTICE HISTORIQUE,

Par  N. Bruandet, *Professeur,*

Membre de la Société Grammaticale et Littéraire de Paris, Rédacteur-Correspondant du Journal de la Langue Française.

L'étude de l'Histoire est un immense dédale où l'esprit s'égare, s'il n'est dirigé par une bonne méthode : les travaux modernes ont singulièrement abrégé la route de l'élève, au milieu de cette vaste scène dont l'horizon se perd dans la nuit du passé ; l'Histoire n'est plus qu'une belle et magnifique synthèse où l'humanité se développe à nos yeux, d'une manière lucide et saisissante, dans toutes ses phases et sous tous ses aspects.

(*Mémorial de l'Allier, mai* 1836.)

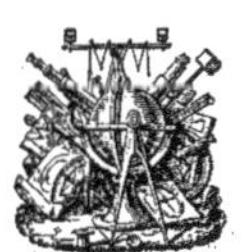

Nevers,

CHEZ I.-C. LAURENT, IMPRIMEUR-LIBRAIRE, ÉDITEUR.

—

1836.

TABLEAUX CLASSIQUES

PAR N. BRUANDET, PROFESSEUR.

Histoire Ancienne. — Fondation des Principaux Empires.

EUPLES.	SIÈCLES.	ÉPOQUES.	FONDATEURS.	PARTIE du monde où se trouve cet empire	BORNES.	VILLES PRINCIPALES.
	AVANT J.-C.					
GYPTIENS . .	25	2,467	Ménès	Afrique	Au nord-est entre la Mer Rouge à l'est; la Lybie à l'ouest; la Méditerranée au nord; l'Ethiopie au sud.	Thèbes, Memphis, Alexandrie, Saïs, Tanis, Ptolémaïs, Pélusium, Damiette.
ÉBREUX . .	23	2,296	Abraham. . .	Asie	Au nord de l'Arabie et au sud de la Phénicie	Jérusalem, Joppé, Gaza, Béthléem*, Jéricho, Ascalon, Césarée, Cana, Sichem.
SSYRIENS . .	20	1,993	Bélus	Asie	A l'est du Tigre	Ninive, Arbèle.
ÈDES . . .	8	759	Arbacès . . .	Asie	Au sud de la Mer Caspienne, et à l'est des Assyriens.	Ecbatane, Ragès.
ABYLONIENS	8	757	Bélésis. . . .	Asie	Au sud des Assyriens et au sud-ouest des Mèdes, entre le Tigre et l'Euphrate	Babylone
INIVITES . .	8	759	Phul.	Asie	Au nord des Babyloniens et à l'est du Tigre	Ninive.
HÉNICIENS	17	1,640	Agénor . . .	Asie	Au nord des Hébreux	Béryte, Sidon, Tyr.
THÉNIENS. .	16	1,582	Cécrops . . .	Europe	Dans la Grèce propre, province de l'Attique, au nord-est du Péloponèse	Athènes, Eleusis, Marathon, Mégare, l'île de Salamine.
HÉBAINS . .	16	1,549	Cadmus . . .	Europe	En Béotie, au nord-ouest des Athéniens, Grèce propre.	Thèbes, Leuctres, Aulide, Orchomène, Chéronée, Thespie, Platée, Tanagra.
PARTIATES .	16	1,516	Lélex	Europe	Dans le Péloponèse, au sud, dans la Laconie	Sparte, Hélos.
ORINTHIENS.	14	1,328	Sisyphe . . .	Europe	Sur l'Isthme de Corinthe, dans le Péloponèse . . .	Corinthe, Pellène, Sycione.
YCÉNIENS .	14	1,348	Persée. . . .	Europe	Dans l'Argolide, au sud des Corinthiens	Mycène, Nauplia, Epidaure, Némée, Hermione, Argos, Trézène.
ROYENS. . .	16	1,506	Teucer et Dardanus	Asie-Min	Au nord-ouest, dans la Troade, à l'Ouest de la Mysie.	Troie, Lampsaque.
CARTHAGINOIS	9	860	Didon	Afrique	Au nord de l'Afrique, vis-à-vis la Sicile, et au sud de la Sardaigne	Carthage, Utique, Zama.
ROMAINS. . .	8	753	Romulus. . .	Europe	Au centre de l'Italie	Rome, Albe, Tusculum, Ausona, Minturne, Tibur, Ostie, Lavinie.
PERSES . . .	6	536	Cyrus	Asie	A l'est du Golfe Persique	Suse, Persépolis, Ecbatane, Ragès.
MACÉDONIENS	4	360	Philippe. . . .	Europe	Au nord de la Grèce, entre la Mer Adriatique à l'ouest et l'Archipel à l'est	Pella, Edessa, Thessalonique, Stagyre, Larisse, Démétriade, Dodone.
		336	Alexandre . .			
PARTHES. . .	3	256	Arsace	Asie	Au sud-est de la Mer Caspienne, près de la Médie et de l'Hyrcanie	Hécatompylos (cent portes.)
	APRÈS J.-C.					
ouveaux Perses	3	228	Artaxercès. .	Asie	A l'est du Golfe Persique	Persépolis, Suze, Ragès.
mpire d'Orient	4	395	Arcadius, 1er emper.	Eur. Asie	Cet empire s'étendait de l'Illyrie à l'Euphrate, et du nord de la Thrace à la Lybie.	Constantinople, Andrinople, Nicée, Athènes, Smyrne, Ephèse, Ancyre, Trébisonde, Antioche, Damas, Palmyre.

HISTORIQUE.

1° **ÉGYPTIENS**. — Ces peuples furent gouvernés pendant 19 siècles par leurs propres rois : Cambyse, roi de Perse, les soumit sous le dernier roi Psamménit (6e s.); Alexandre, roi de Macédoine, réunit ce pays à son empire (4e s.). La famille des Lagides, de Ptolémée-Lagus, le gouverna jusqu'à la mort de la reine Cléopâtre, vaincue à Actium par Octave (1er s.), époque de la domination romaine. Dans le 5e siècle, après J.-C., ils passèrent sous celle des Arabes : depuis le 16e s., ils dépendent de l'empire Turc, et sont gouvernés par le vice-roi Mohammet-Ali, qui tend à se rendre indépendant de la Porte Ottomane.

2° **HÉBREUX**. — Ces peuples descendent de Sem, d'Heber, d'Abraham (23e s.). Jacob, fils d'Isaac, (22e s.), quitta Chanaan pour aller en Egypte; il fut le père de 12 enfans qui devinrent chefs de 12 tribus. Sa postérité, après 2 siècles, fut réduite en servitude par les Egyptiens. Moïse, né en 1725, délivra les Hébreux (1645) : il passa la Mer Rouge et s'établit dans l'Arabie, où il donna une législation complète. Josué, vainqueur de Jéricho, aborda dans la terre promise (1605); et les Israélites furent gouvernés par des juges (1554): Othoniel fut le premier et Samuël le dernier (1,009) ; il sacra Saül roi. Après 70 ans de captivité à Babylone, les Juifs ou Hébreux furent délivrés par Cyrus (6e s.) : alors des pontifes les gouvernèrent. 60 ans avant J.-C., Pompée soumit la Judée. 70 ans après J.-C., l'empereur Titus prit Jérusalem et détruisit le temple.

3° **ASSYRIENS**. — Ce pays formait deux royaumes : Babylone et l'Assyrie, qui furent réunis par Bélus. Son fils Ninus bâtit Ninive; Sémiramis, son épouse, étendit son empire en Ethiopie et en Lydie, embellit Babylone de palais et de jardins suspendus (20e s.). Sardanapale, l'efféminé, fut le dernier roi ; il se tua pour ne point tomber entre les mains des conspirateurs Belésis et Arbacès, ses lieutenans (8e s.).

4° **MÈDES**. — Affranchis par Arbace, ils se donnent des lois et choisissent Déjocès pour leur roi : c'était un sage du temps (7e s.). Cyaxare II nomme général son petit-fils Cyrus (Soleil), fils de Mandane et de Cambyse, roi de Perse : Cyrus bat Crésus, roi de Lydie, à Timbrée, près de Sardes; il prend Babylone au moment où le roi Balthazar donnait un grand festin (538.)

5° **BABYLONIENS**. — Après la mort de Sardanaple, Bélésis retint pour lui la Babylonie. Ses successeurs sont peu connus. Abar-Abdon, roi d'Assyrie, envahit ce pays, et les 2 royaumes n'en firent plus qu'un sous le nom de royaume de Babylone, auquel on joignit la Syrie (Alep, Damas, Antioche, Palmire) et la Palestine. Babylone, qui se croyait invincible, fut soumise par Cyrus (6e s.)

6° **NINIVITES**. — Les rois de Ninive conservèrent le nom de rois d'Assyrie, et furent les plus puissans : ils firent la conquête du royaume d'Israël ou de Samarie. Salmanazar, successeur de Sardanapale, régna à Ninive. Il prit Samarie après 3 ans de siége, et mit fin au royaume d'Israël (718). Tobie (718.)

7° **PHÉNICIENS**. — Les Phéniciens ou Chananéens étaient voisins des Israélites. Navigateurs et commerçans, ils cultivaient aussi les sciences et les arts : ils florissaient au temps de Jacob (21e s.); ils avaient des manufactures de verre et de pourpre, antérieures à Sésostris (17e s.); ils nous transmirent l'alphabet; et Tyr, au 8e s., offrait l'aspect de nos grandes cités commerçantes. Riches par leur commerce, les Phéniciens multiplièrent les entrepôts dans les îles de Chypre, de Rhodes, dans la Grèce, la Sicile : ils découvrirent l'Espagne, bâtirent Cadix. Au temps d'Hérodote, d'Halycarnasse en Carie (5e s.), les Phéniciens allaient chercher l'étain dans la Grande Bretagne, et des bois dans la Frise et la Germanie. Carthage fut leur plus puissante colonie (9e s.) Nabuchodonosor détruisit Tyr (586) : elle fut rebâtie dans une île voisine : Alexandre s'en rendit maître, et peu de temps après, son lieutenant Antigone réduisit les Tyriens en servitude, et leur commerce s'éteignit avec leur liberté. (4e s.)

8° **GRECS**. — Les Grecs, selon quelques auteurs, descendent de la Phénicie et de l'Egypte : les colonies les plus fameuses furent celles d'Inachus à Argos, de Cécropos à Athènes, de Cadmus à Thèbes. Le seul royaume de Sicyone était le plus ancien (20e s.) — QUATRE AGES divisent l'histoire des Grecs : le *premier*, ou les temps héroïques et fabuleux, est l'enfance de la Grèce : il est remarquable par la fondation des royaumes ci-dessus, par les déluges d'Ogygès (18e s.) et de Deucalion (16e s.); par l'institution des Jeux Olympiques (14e s.), l'expédition des Argonautes (1350) et la guerre de Troie (1280). — Le *Deuxième*, ou la Jeunesse de la Grèce, est l'époque de l'envahissement du Péloponèse par les Héraclides ou descendans d'Hercule (14e s.) de la fin du royaume de Sycione. Homère publie ses poëmes (10e s.); Lycurgue donne des lois à Sparte (9e s.); Corinthe crée les *Prytanes* ou chefs, sénateurs de la république; Lacédémone, les *Ephores*, ou Juges surveillans, et Solon donne des lois à Athènes (6e s.). — Le *troisième*, ou l'âge viril de la Grèce, époque où les Grecs brillent dans les sciences, les arts et les armes. Les guerres persiques (5e s.) élèvent la Grèce au plus haut point de gloire et de prospérité; les arts et l'éloquence fleurissent en même temps, mais le luxe et la mollesse viennent à leur suite. Alors brillaient Périclès et sa maîtresse Aspasie, Miltiade, Léonidas, Thémistocle, Socrate, Alcibiade, Hyppocrate, Platon, Hérodote, Trasybule, Euripide, Cimon, Thucydide (5e s.). — Le *Quatrième*, ou la vieillesse de la Grèce, époque où elle tombe malgré les prodiges de valeur d'Epaminondas, de Phocion, de Pélopidas, de Xénophon, de Démosthènes, de Trasybule, d'Agésilas, sous l'or de Philippe et sous l'épée de son fils Alexandre, élève d'Aristote (4e s.). La ligue *Achéenne* semble rappeler la Grèce à la vie; mais les Romains appesantissent sur elle leur joug; et dans le 2e siècle, avant J.-C., elle fut entièrement soumise après les victoires des consuls Métellus et Mummius, vainqueurs de cette ligue.

9° **TROYENS**. — Ils furent gouvernés par une suite de rois : Priam fut le dernier : sous lui, eut lieu le siège et la prise de Troie (13e s.) A ce siége se distinguèrent Achille, Agamemnon, Pyrrhus, Ajax, Patrocle, Ulysse, Nestor, Philoctète, du côté des Grecs; Hector, Enée, Sarpédon, du côté des Troyens. L'enlèvement d'Hélène, femme de Ménélas, roi de Sparte, par Pâris, fils de Priam, fut cause de cette guerre.

10° **CARTHAGINOIS**. — Ces peuples, commerçans comme les Phéniciens, étaient rivaux des Romains avec lesquels ils soutinrent trois guerres, dites *guerres Puniques* : la première dura 24 ans : les succès sont balancés; la deuxième dura 17 ans : Rome se voit à deux doigts de sa perte par la marche victorieuse d'Annibal, vainqueur sur les bords du Tésin, près du lac Trebie, près du lac Trasimène, et à Cannes (3e s.); mais de retour à Carthage, il est vaincu à Zama, par Pub. Scipion l'Africain 1er; la troisième guerre dura 4 ans; Scipion Emilien l'Africain II prend et brûle Carthage, et la république devient province romaine, 149 ans av. J.-C.

11° **ROMAINS**. — Ils furent gouvernés pendant 2 siècles par des rois : Romulus fonde Rome et crée des lois civiles (8e s.); Numa institue la religion et publie des lois sages (8e et 7e s.); Tullus Hostilius détruit Albe, après le combat des Horaces et des Curiaces (7e s.) Ancus Martius fonde le port d'Ostie (7e s.); Tarquin-l'Ancien fait alliance avec les étrangers (7e et 6e s.); Servius-Tullius institue le cens et les comices (6e s.); Tarquin-le-Superbe règne despotiquement; il insulte à l'honneur de Lucrèce; il est chassé de Rome, et la royauté abolie (509). — La RÉPUBLIQUE est établie et dure 500 ans : Junius-Brutus et Collatin sont les premiers consuls. Guerre contre Porsenna et les fils de Tarquin, où se distinguent Coclès, Scévola et Clélie (6e s.); La dictature est établie en 498; Titus Lartius est le premier dictateur. Guerre du Mont-Sacré : on promet l'abolition des dettes, et un avocat du peuple : Création des Tribuns (495). Les Volsques sont vaincus à Corioles, par Marcius, depuis Coriolan (491) qui fut banni. Le consul Spurius-Cassius propose la loi agraire ; des troubles s'élèvent, il est mis à mort (483). Guerre avec les Eques, les Volsques; dévouement des 306 Fabius qui sont taillés en pièces près du fleuve Crémère (480). — Les *Décemvirs* sont établis en 451, et sont abolis en 449, après la mort de la jeune Virginie. Brennus prend Rome et l'incendie en 390; Camille, exilé, la sauve. Guerre contre les Samnites (323) et les Etrusques (311) : ils furent soumis l'an 272. Guerres Puniques, de 264 à 146. Carthage est brûlée, et la Grèce soumise par la prise de Thèbes et de Corinthe. L'Espagne succombe (133). Guerres de Jugurtha (111-106), des esclaves Siciliens (104-99), des Cimbres et des Teutons (102-101), des Marses (91,89), de Mithridate (88-64), de Sertorius (77-72) des Gaules (59-49) et des Parthes (54) — *Guerres Intestines* : les deux tentatives des Gracques pour rendre au peuple des droits usurpés par les Patriciens (133-123) ; Marius et Sylla (88-82), — 1er triumvirat : Pompée, Crassus et César (60); Pompée vaincu à Pharsale par César (48); Jules César assassiné dans le sénat (44); 2me triumvirat : Auguste, Antoine et Lépide (43); bataille d'Actium (31). — EMPIRE. Octave, premier empereur, (29 av.) J.-C.) vinrent le cruel Tibère (14 ap. J.-C.), l'insensé Caligula (37), l'imbécille Claude (41), l'atroce Néron (54). Galba (68); Othon, Vitellius, le doux Vespasien (69); le bon Titus (79); le féroce Domitien (81); le probe Narva (96); le vertueux Trajan (98); Adrien (117); Antonin-le-Pieux (138); Marc-Aurèle le sage (161); Commode (180); Pertinax (193) etc., et une foule d'autres jusqu'à Constantin-le-Grand (306), qui reconnut la religion de Jésus-Christ pour religion de l'état, et établit le siége de l'empire à Bysance (330).

12° **PERSES**. — A la mort de Cyaxare, son oncle, et de Cambyse, son père, Cyrus réunit sur sa tête la Perse et la Médie (536). Il rendit alors le fameux édit en faveur des Juifs. Tomyris, reine des Scytes, voulant venger la mort de son fils, tua Cyrus. Cambyse, fils de ce prince, lui succéda, de 520 à 522 : il soumit l'Egypte où il commit des cruautés. Darius, fils d'Hystape, (de 521 à 482) dut son royaume au hennissement de son cheval. Ce roi eut quelques vertus guerrières, et se faisait appeler le meilleur et le mieux fait des hommes. Démocède, médecin, lui parla de la Grèce; et ce prince, pour venger Hyppias, tyran, qui s'était enfui d'Athènes, envoya son gendre Mardonius à la tête d'une armée nombreuse : Miltiade le défit avec 10,000 hommes à Marathon (490.)

Xercès 1er succède à son père Darius (486-465) et entreprend la seconde guerre persique. Alors eurent lieu, en 480, la bataille des Thermopyles, où périt Léonidas avec ses 300 Spartiates; le combat naval près d'Arthémise; la bataille de Salamine gagnée par Thémistocle; un an après, le combat de Platée gagné par Aristide et le lacédémonien Pausanias, et celui de Mycale dans l'Asie-Mineure, gagné par Xantipe.

Artaban, capitaine des gardes, assassine Xercès, et met sur le trône Artaxercès-Longue-Main (465-424.) Cimon, fils de Miltiade, défait la flotte des Perses, près du fleuve Eurymédon. Hypocrate, médecin, refuse d'aller en Perse; il préfère soigner les pestiférés Grecs. Ce fut aussi chez Artaxercès que se réfugia Thémistocle (474). La fameuse retraite des 10 milles, par Xénophon, eut lieu sous Artaxercès-Mnémon (401).

Sous Darius-Codoman, homme instruit et malheureux, la Perse fut soumise par Alexandre (333) qui gagna les batailles du Granique, d'Issus et d'Arbelles. Ce fut Bessus, commandant de la Bactriane, qui enchaîna Darius à son chariot, et le fit mourir. Alexandre versa des larmes.

La monarchie des Perses avait duré 205 ans.

13° **MACÉDONIENS**. — Sous Alexandre (4e s.) la Macédoine domine la Grèce, l'Egypte, les Indes et la moitié du monde connu. A la mort de ce prince, la Macédoine fut divisée entre ses quatre généraux : Cassandre eut la Macédoine; Lysimaque, la Thrace; Séleucus, la Syrie; Ptolémée-Lagus, l'Egypte; tous ces royaumes furent soumis aux Romains (1 s. av. J.-C.).

14° **PARTHES et PERSES**. — Artaxercès, ayant tué Artaban, roi des Parthes, réunit les deux royaumes. Dans le 7e siècle, les Arabes vainquirent les Perses : Ismaël Sophi fonde une nouvelle dynastie dans le 15e s. Elle subsiste encore aujourd'hui (1836).

* Jésus-Christ naquit à Bethléem, l'an du monde 4963, et mourut sur le mont Golgotha (Calvaire), l'an 33 de sa naissance, le 3 avril, à trois heures après midi. Cette année concourt avec la 4me de la 202e olympiade, à laquelle on rapporte une grande éclipse de soleil.

FRANCE.

GAULE. SON ÉTENDUE. — Av. J.-C. 600

Les Gaulois sont *Celtes* d'origine. Leur territoire, avant le 6e. siècle, comprenait ce qui forme aujourd'hui la France, la Belgique, une partie de la Hollande, de la Prusse et de la Bavière Rhénane. La Gaule était couverte de forêts; de-là son nom de Gaule, du Celtique Wall, gall ou gaud, forêts. La température, conséquemment, en était froide : les rivières et les marais gelaient chaque année.

La Gaule se composait d'une multitude de tribus qui se liguaient entr'elles et formaient de petites nations, lesquelles se réunissaient en une seule, au moyen d'une confédération générale. Le roi de chaque nation était éligible.

Il y avait 3 ordres : les *Druides* ou *Prêtres*, les *Chevaliers* et les *Plébéiens*.

DRUIDES.

Les *Druides* (chêne) étaient tout-puissans; ils enseignaient la religion, la morale, les sciences naturelles, la littérature et les arts.

BARDES.

Les *Bardes*, poètes, chantaient les grandes actions.

Les *Eubages* sacrifiaient les victimes et prédisaient l'avenir.

Les *Causidices* interprétaient les lois.

RELIGION.

La religion Druidique avait une tendance morale beaucoup plus élevée que le culte primitif de Galls, qui adoraient le soleil, la lune, les fleuves, les arbres, etc. ; elle enseignait l'immortalité de l'ame, tout en reconnaissant des Dieux semblables au Jupiter, au Mercure, etc., des Grecs et des Romains.

CÉRÉMONIE DU GUY.

Les bois touffus, bois sacrés, étaient la demeure des Druides : il était défendu d'y pénétrer; quiconque aurait coupé une branche d'arbre était puni de mort. La forêt de Chartres (Eure-et-Loire), où est la ville de Dreux, recélait le Grand-Prêtre et le gouvernement central des Druides : chaque année, on y faisait la grande cérémonie du Guy.

MIGRATION des GAULOIS. — 500

Les Gaulois, sous Bellovèse, passent les Alpes, fondent Milan, Crémone, Padoue;

Sous Sigovèse, ils traversent la forêt Hyrcinie, et s'établissent au centre de la Germanie, en Bohême, en Hongrie;

BRENNUS Ier. — 300

Sous Brennus Ier. ils défont les Romains aux bords de l'Allia, près de Rome, qu'ils incendient, et sont repoussés par Camille;

BRENNUS II. — 200

Sous Belgius et Brennus II, ils ravagent la Macédoine, la Thrace, vont en Grèce piller le temple de Delphes, et sont battus.

Dans le même siècle, ils fondent une colonie dans l'Asie-Mineure, où ils avaient été mettre Nicomède sur le trône de Bithynie. La Galatie ou Gallo-Grèce était devenue leur demeure.

GAULE CONQUISE. JULES-CÉSAR. VERCINGÉTORIX. — 58

Les Gaulois sont enfin soumis par Jules-César. Leur chef Vercingétorix, homme de courage, est défait à la bataille d'Alésia (pays d'Autun). César l'envoie languir 6 ans dans les cachots de Rome, puis lui fait trancher la tête par le bourreau.

ADMINISTRATION ROMAINE. — Ap. J.-C.

Sous le régime municipal et l'administration savante des Romains, la Gaule s'organise et se police : des villes s'élèvent et se peuplent; les communications s'établissent; des forêts sont défrichées; les arts, les lettres, les lois des Romains pénètrent partout; les Gaulois, surtout ceux du midi, deviennent Romains.

IRRUPTION des Vandales, des Alains dans la Gaule. — 406

Mais vers l'an 406 de J.-C., les Suèves, les Vendales, habitant entre l'Elbe et la Vistule; les Alains, originaires de l'Asie, aux environs du Caucase, entrent dans la Gaule et commettent de grands désordres. Refoulés par les Bour-

409 guignons et les Francs, ces peuples passent en Espagne, où les Vandales occupèrent le sud.

FRANCS.

Les Francs, association germaine entre le Rhin, le Mein, le Wéser et l'Elbe, se composaient des Cuaces, des Sicambres, des Chamaves, des Chérusques, des Bructères, des Cattes, des Ripuaires, des Saliens, etc. Ces tribus, bien qu'elles fussent unies entr'elles pour leur défense commune, sous le nom générique de Francs (libres), conservèrent cependant chacune leurs lois et leur gouvernement.

FRANCE.

Dans le 4e siècle, et au commencement du du 5e, on appelait Francia le pays renfermé entre le Rhin, le Mein, le Wéser et l'Elbe : ce fut plus tard la Franconie.

Ces Francs, seule population mixte, ardente, pleine de valeur, semblaient être restés flottants sur la frontière, prêts à toute idée, à toute influence, à toute religion.

ROIS DE FRANCE. — 1re RACE.

MÉROVINGIENS de 420 à 752.

— Les Rois des Francs n'étaient primitivement que des chefs-soldats qui s'étaient distingués par des actions d'éclat : le premier fut Pharamond ;

1er Roi PHARAMOND. — 420

on le croit fils de Marcomir. Il vint à la tête d'une nuée de Germains et de Francs-Saliens. On lui attribue la loi Salique ou loi de Conquête, à cause des terres que les Francs avaient conquises sur les Gaulois. Il est plus raisonnable de croire qu'elle fut rédigée par Clovis.

2me Roi CLODION (le Chevelu.) — 428

— Il succède à son père Pharamond. Attaqué à l'improviste, en Artois, par Aëtius, général de Valentinien III, Clodion repasse le Rhin :

447 mais, sans perdre courage, il rentre dans les Gaules, prend Tournay, Cambrai, et se fixe à Amiens, où il est enterré après 20 ans de règne.

3me Roi MÉROVÉE. Il donna son nom à la 1re race. — 448

— On ignore l'origine de ce chef des Francs.

Attila, chef des Huns, fils de Mundzuck, succède à son oncle Rugilas, l'an 433. Il envahit la Gaule : le général romain Aétius, Mérovée et Théodoric, roi des Ostrogoths, le

ATTILA. — 451

vainquent dans les champs Cataloniques, près de Châlons-sur-Marne : 200 mille hommes restent sur le champ de bataille.

MORT D'ATTILA. — 453

Attila, surnommé le fléau de Dieu, étant mort, son empire fut détruit : il s'étendait du Danube à la Baltique, et des rives du Rhin aux bords de l'Océan oriental. Les Huns venaient des confins de la Chine ; ils avaient déplacé les Alains et les Goths. Attila avait tué son frère Bréda pour régner seul. Il avait ravagé Rome : le pape Saint-Léon alla le trouver et lui promit un tribut. Honoria, sœur de Valentinien III; avait conçu une grande passion pour le barbare : il voulait qu'on la lui envoyât. Ses embassadeurs déclaraient ainsi la guerre aux empereurs de Byzance et de Rome : Attila, ton maître et le nôtre, t'ordonne de préparer un palais pour le recevoir. Il avait épousé Ildico, fille du roi des Bactriens. On le trouva dans sa tente baigné dans son sang.

456 Mort de Mérovée, après 8 ans de règne.

4me Roi **CHILDÉRIC Ier.**	456	— Chassé du trône à cause de ses excès, il se retire à la cour de Thuringe, chez le roi Basin. Gillon, son successeur, gouverne despotiquement : on rappelle Childéric ; ce roi prend Angers, Orléans, les îles de la Loire, qu'occupaient les Saxons, et bat les Allemands. Il meurt après 25 ans de règne, et est enterré à Tournay. (Belgique.)
L'histoire ancienne finit en 476 : elle dura 54 siècles.		
5me Roi **CLOVIS Ier.** fils de Childéric et 1er roi chrétien.	481	— Clovis est proclamé roi des Francs, à l'âge de 15 ans.
	486	Le Patrice romain Syagrius est défait près de Soissons : on le décapite. Siége de la monarchie à Soissons.
STE.-CLOTILDE.	492	Mariage de Clovis avec la Chrétienne Clotilde, fille de Chilpéric, roi de Bourgogne, que son frère Gondebaud avait assassiné.
TOLBIAC.	496	Les Allemands menacent le Rhin : Clovis, à la tête de toutes les tribus, marche contre eux ; il invoque le Dieu de Clotilde, et promet de se faire chrétien, s'il est vainqueur. Les Allemands sont défaits à Tolbiac, près de Cologne (G. Duché du bas-Rhin), et Saint-Rémi, évêque de Reims, baptise Clovis. Sicambre, disait le saint à Clovis, baisse docilement la tête, brûle ce que tu as adoré, et adore ce que tu as brûlé. Ainsi l'église prenait solennellement possession des barbares.
	497	La Bretagne, alors armorique, se soumet à Clovis, ainsi que les Colonies romaines de la Loire.

MAISON DE BOURGOGNE.

BOURGUIGNONS	401	Les Bourguignons, anciens Eduens, étaient les peuples les plus puissans et les plus éclairés des Gaules : ils avaient habité les bords de la Vistule (Vandalie) ; chassés par les Gépides, ils passèrent l'Elbe et vinrent dans la Thuringe. Leurs mœurs étaient germaines ; leurs rois éligibles et revocables. En 401, ils embrassèrent le christianisme ; en 407, ils s'avancèrent dans les Gaules (Eduens), sous la conduite de Gondicaire, leur Ier chef ou roi, qui se battit contre les Huns.
1er Roi **GONDICAIRE.**	407	
2me Roi **CHILPÉRIC.**	447	Chilpéric, comme l'aîné des enfans de Gondicaire, prit le titre de roi Bourgogne : il faisait sa résidence à Genève et habitait souvent Lyon. L'Arianisme fit de grands progrès dans ce royaume : les moines entraînaient les populations. La famille royale fut divisée : Gondebaud et Godésigile se liguèrent contre leurs frères Chilpéric et Gondemar : ainsi, la première guerre civile eut pour cause l'ambition.
3me Roi **GONDEBAUD.**	491	Gondebaud tua Chilpéric dont la femme fut jetée, une pierre au cou, dans le Rhône. Gondemar était resté à Vienne, Gondebaud l'assiégea, et mit le feu à une tour où s'était réfugié son frère : alors Gondebaud fut seul possesseur de la Bourgogne.

ANGLETERRE ou BRETAGNE.

HISTOIRE **DU MOYEN-AGE.** Elle commence en 476, et finit en 1453.	455	Honorius, empereur d'Occident (395), trop faible pour soutenir les rênes d'un si grand empire, avait retiré ses troupes de la Bretagne : alors les Pictes (peindre) et les Scots attaquèrent les Bretons ; ceux-ci appelèrent les Angles-Saxons, peuples du Holstein, qui avaient déjà passé l'Elbe. Les Angles (455) repoussèrent les Pictes ; mais ils restèrent dans le pays et le divisèrent en 7 royaumes (heptarchie) qui furent réunis en un seul, sous Egbert, roi de Westsex (827). Les Bretons chassés se retirèrent dans l'Armorique, qui prit alors le nom de Bretagne.
ANGLO-SAXONS.		
ARMORIQUE ou BRETAGNE.		

ITALIE.

VENISE FONDÉE	452	Les Alains, qui avaient ravagé les îles Baléares, s'emparent de Padoue d'où s'enfuient les Vénètes effrayés : ils se cachent dans les lagunes de l'Adriatique, et y fondent Venise qui devint une puissante république.
AUGUSTULE, dernier empereur d'Occident.	475	Le premier partage du vaste empire de Constantin eut lieu en 364, sous l'empereur Valentinien I. qui conserva pour lui l'Occident (Rome), et donna l'Orient (Constantinople) à son frère Valens. Cette séparation ne fut complète qu'en 395, à la mort de Théodose-le-Grand, entre ses deux fils : Arcadius eut l'Orient, et Honorius l'Occident. Ce dernier n'ayant aucune des qualités qui font un grand souverain, l'empire tomba dans un état déplorable. Romulus-Augustule fut détrôné par Odoacre, roi des Hérules, en 476. L'empire romain d'Occident avait duré 1228 ans depuis sa fondation par Romulus, 752 ans avant J.-C., ou 507 ans depuis la bataille d'Actium ; 31 ans avant J.-C., époque de l'avènement d'Auguste-César à l'empire.
THÉODOSE-LE-G.		
HÉRULES. ODOACRE, roi.	476	
THÉODORIC, Roi des Ostrogots, ou Gots Orientaux.	493	Théodoric avait servi dans les armées de Zénon, empereur d'Orient, qui lui permit de faire la conquête de l'Italie sur les Hérules. Il prit Odoacre, leur roi, enfermé dans Ravenne, sa capitale ; distribua des terres aux Ostrogoths, et régna par la sagesse et la justice.
HÉRULES.		L'empire de Théodoric embrassait l'Italie et la Sicile, la Rhétie (Suisse) la Vindilicie, la Norique (Autriche) la Pannonie (Hongrie) et et l'Illyrie : il ne subsista que 60 ans, et fut renversé par les Grecs. (553.)

EMPIRE ROMAIN D'ORIENT

ARCADIUS, Fils de Théodose-le-Grand.	395	Théodose réunissait l'Orient et l'Occident ; Arcadius régna sur l'Orient seul. Ce prince était faible et mou. Rufin, son préfet, le trahit. Sa femme Eudoxie fit périr Saint-Jean-Chrysostôme. Arcadius fit tuer son précepteur Arsène.
THÉODOSE II, Fils d'Arcadius.	408	Il succéda à son père. Il fit la guerre à Genséric, roi des Vandales. Son empire fut attaqué de toute part : les Perses, les Sarrazins et les Huns dans l'Orient ; les Zauniens et les Isauriens ravageaient l'Asie-Mineure ; les Ethiopiens pillaient la Lybie et l'Egypte, et Attila s'avançait vers les Thermopyles. Marcien succéda à Théodose dont il avait épousé la sœur Pulchérie. Après vinrent Léon Ier (457), Léon-Jeune (473) et Zénon qui s'occupa de débrouiller des problèmes théologiques, tandis que les Arabes, les Perses et les Tartares ravageaient ses frontières.
MARCIEN.	450	
LÉON Ier.	457	
LÉON II (le Jeune.)	473	
ZÉNON.	474	
ANASTASE Ier.	491	Anastase Ier. lui succéda (491) : il n'arrêta les barbares que par des concessions : il eut quelques vertus et fit des lois sages.
DÉCOUVERTES, *Inventions et Fondations.*	400	Cloches des églises : les premières furent fondues à Nola, en Campanie, sous le pontificat de Saint-Paulin, vers 420.

FRANCE.

Première Race.		
CLOVIS 1er.	500	— Clovis défait Gondebaud, roi de Bourgogne. Ce roi était Arien : il s'humilia, promit de se faire chétien, confia même ses enfants aux évêques, accorda des lois douces aux Romains et paya un tribut aux Francs.
VOUILLÉ. ALARIC.	507	Clovis bat les Visigoths à Vouillé, et tue leur roi Alaric : il se rend à Toulouse ; mais le grand Théodoric, beau-père d'Alaric, couvre la Provence et l'Espagne, et sauve ce qui restait au fils d'Alaric.
PARIS CAPITALE.	508	Clovis reçoit d'Anastase-Dicore, empereur d'Orient, le titre et les ornemens de Patrice, de Consul, même d'Auguste. Paris devient la capitale du royaume.
	510	Clovis fait périr tous les petits rois Francs, ses parents, et reconnaît dans l'église le droit le plus illimité d'asile et de protection.
DROIT DE RÉGALE.	511	Concile d'Orléans, où se trouvent les vrais principes d udroit de régale accordé au roi : c'était de conférer des bénéfices et d'en percevoir les droits.
LOI SALIQUE.		Rédaction de la loi Salique.
		Alleux, ou terres tirées au sort entre les conquérants, et exemptes d'impôts. — Leudes ou fidèles qui suivaient les rois à la guerre.
STE-GENEVIÈVE.	511	Mort de Sainte-Geneviève enterrée dans l'église de Saint-Pierre et Saint-Paul, qui depuis a pris son nom : c'est la patronne de Paris.
	511	Mort de Clovis, après 30 ans de règne et 45 ans d'âge : il fut enterré à Sainte-Geneviève. Ce prince est le vrai fondateur de la Monarchie française : ses mœurs tenaient de la barbarie du temps. On sait la vengeance qu'il tira du soldat audacieux qui lui avait refusé un vase que désirait avoir Saint-Rémi. Souviens-toi du vase de Soissons, lui dit-il, en lui fendant la tête d'un coup de hache, au moment où le soldat se relevait.
PARTAGE De la Monarchie.	511	Partage de la monarchie entre les quatre fils de Clovis :
		1°. Thierri eut le royaume de Metz avec la Lorraine et les possessions d'Allemagne ;
		2°. Childebert eut celui de Paris (île de France, Poitou, Maine, Touraine, Anjou, Guyenne, Champagne, Auvergne ;
		3°. Clodomir, celui d'Orléans, avec le Lyonnais, le Dauphiné, la Provence, la Bourgogne ;
		4°. Clotaire, le royaume de Soissons avec le Vermandois, la Picardie, la Flandre et la Neustrie.
6me Roi CHILDEBERT 1er succède à Clovis comme roi de Paris	511	— Childebert Ier succède à son père : il est compris seul dans la liste successive des rois de France.
	530	Childebert, pour venger sa sœur Clotilde, outragée pour sa religion, par son époux Amalaric, attaque celui-ci, pille Narbonne et plusieurs villes de la septimanie (Languedoc.)
	531	Childebert et son frère Clotaire égorgent les deux fils de Clodomir, roi d'Orléans, sous les yeux de Clotilde, leur grand'mère, et se partagent leurs états : le IIIme fils est fait moine et fut canonisé sous le nom de Saint-Cloud.
	534	La Bourgogne est réunie à la France.
	558	Childebert meurt après 47 ans de règne : il est enterré à Saint-Germain-des-Prés, qu'il avait fait élever.
7me Roi CLOTAIRE 1er.	558	— Il règne seul sur toute la monarchie. Il meurt à Compiègne, et est enterré à Soissons. Le royaume est encore partagé entre ses 4 fils : Sigebert eut l'Austrasie ; Chilpéric, la Neustrie et Soissons ; Gontran, la Bourgogne ; et Charibert, Paris et l'Aquitaine.
8me Roi CHARIBERT.	561	—Charibert ne régna que 6 ans; mort en 567, il fut enterré au château de Blaye, et ses états divisés entre ses frères.

		L'influence romaine fut forte sous ces princes : on les voit livrés à des ministres gaulois, goths ou romains. C'est à ces Romains qu'il faut attribuer ce qui se fait de bien et de mal sous les rois Francs ; c'est à eux qu'on doit rapporter la fiscalité renaissante.
9me Roi CHILPÉRIC 1er, roi grammairien et théologien, surnommé le Néron de la France.	567	— Il succède à son frère Charibert.
	568	Chilpéric Ier. épouse Frédégonde, favorite cruelle et ambitieuse, qui fit périr Audouère, première femme de Chilpéric. — Les grands noms, les noms populaires de cette époque, dit M. Michelet, ceux qui sont restés dans la mémoire des hommes, sont ceux des reines et non des rois : ceux de Frédégonde et de Brunéhaut.
BRUNÉHAUT.	575	Frédégonde, née à Mont-Didier (Somme) d'une famille obscure, fait assassiner Sigebert, roi de la sauvage Ostrasie, lequel tenait Chilpéric assiégé dans Tournay. Les enfants de Clotaire se font la guerre, excités par Frédégonde et Brunéhaut, fille cadette d'Athanalgide, roi des Goths d'Espagne, et épouse de Sigebert.
GALSUINDE.	581	Clovis, fils de Chilpéric Ier et de Galsuinde, sœur de Brunéhaut, est poignardé par les ordres de Frédégonde, qui avait aussi fait étrangler Galsuinde, seconde femme de Chilpéric.
PESTE.	583	Peste qui ravage la France.
	584	Chilpéric, victime des menées de sa femme Frédégonde, tombe sous les coups de Landry, son amant : il est assassiné à Chelles, en revenant de la chasse, et est enterré à Saint-Germain.
10me Roi CLOTAIRE II.	584	— Il succède à son père, à l'âge de 4 ans, sous la tutelle de Frédégonde, sa mère, et sous la protection du bon Gontran, roi de Bourgogne. Mais le midi de la Gaule se soulève : on appelle de Constantinople un nommé Gondovald se disant issu des rois Francs ; il est roi. Cependant les rois de Bourgogne et d'Ostrasie se reconcilient : Gondovald, retiré dans Comminges, est livré par Mummole, Patrice romain; et le traité d'Andelot fut conclu.
GONDOVALD règne dans le Midi.		
TRAITÉ d'Andelot.	585	
	586	Gondebaud, se prétendant fils de Clotaire Ier, se fait reconnaître roi à Brives-la-Gaillarde : il est trahi par les siens.
	593	Mort de Gontran, roi de Bourgogne.
	597	Mort de Frédégonde.
	600	Nouvelle guerre entre les princes français : Clotaire II est battu à Soissons.

BOURGOGNE.

3me Roi GONDEBAUD, fils de Gondiuaire.	491	— Audacieux et barbare comme presque tous les chefs de ce temps, il tua son frère pour régner : il porta la guerre en Italie, et prit Turin. Poursuivi par son neveu Clovis, il se
	500	retira à Avignon, où il capitula. Il prit ensuite Gondésigile, son frère, dans Vienne, et le fit égorger aux pieds des autels dans une église d'Ariens. Gondebaud mourut en 516, après 25 ans de règne. Il était Arien : il fit des lois sages; quelques-unes sont barbares. Tout juif, qui portait la main sur un chrétien, avait le poing coupé ; il était puni de mort, s'il frappait un prêtre. Une femme qui abandonnait son mari, était étouffée dans la boue. Le duel était permis.
4me Roi SIGISMOND, fils de Gondebaud.	516	— Il fut proclamé roi du vivant de son père. Entouré de prêtres et de moines, il était plus fait pour le cloître que pour le trône ; aussi se retira-t-il dans le monastère de Saint-Maurice, en Valais. Il en sortit, toutefois, pour défendre la Bourgogne attaquée par les trois fils de Clovis, roi de France. Pris, lui, sa femme et ses enfants, ils sont jetés dans un puits par Clodomir, roi d'Orléans. Sigismond avait étranglé son fils, mais il racheta ce crime par des dons à l'église. Il fut canonisé.

5me Roi GONDEMARD II neveu de Sigismond. 522 — Apeine est-il sur le trône, qu'il s'occupe de recouvrer tout le pays en deçà de la Saône. Son règne n'est qu'une guerre continuelle entre les descendants de Clovis. Il succombe après une lutte de 12 années : tombé au pouvoir de ses ennemis qui assiégeaient Autun, il ne reparut plus. En lui finit la dynastie des Gondicaire, qui ne dura qu'un siècle.

BOURGOGNE réunie à la France. 534 La Bourgogne, dont la nationalité était garantie par un traité, est partagée entre Childebert et Clotaire, et fait partie du royaume de France. Ainsi, tous les évènements dont elle est le théâtre du 5e au 8e siècle, appartiennent à l'histoire générale de la France.

EMPIRE ROMAIN D'ORIENT

JUSTIN Ier Thrace de nation. 518 — Il est élu par les soldats. Sous ce règne, la paix n'est point troublée. Justin lègue l'empire à son neveu.

JUSTINIEN Ier Empereur. 527 — Sous ce règne, l'Orient voit quelques jours de gloire. Les Perses sont repoussés au-delà du Tigre, et leur roi Cosroës fait la paix ; les Scythes refoulés au-delà du Volga ; l'Afrique

BÉLISAIRE. reprise aux Vandales par Bélisaire. Ce général débarque à Sallecte, s'empare de Carthage et de Gélimer qui venait de détrôner Hilderic, roi Vandale, et le mène à Constantinople : en Gélimer finit la dynastie des Vandales Ariens.

537 Justinien envoie Bélisaire pour renverser le royaume des Goths en Italie : il arrive en Sicile, prend Syracuse, Catane et Panorme ; court à Naples, la prend ; marche sur Rome, où régnait Théodat, et s'en empare.

Vitigès, roi Goth, assiége Rome ; Bélisaire le bat et le prend à Ravenne où il s'était enfermé ; il conduit Vitigès à Constantinople, où tout le peuple proclame Bélisaire le libérateur de l'empire.

NARSÈS, 1er Exarque ou gouverneur grec de Ravenne. 16 ans. Longin succéda à Narsès, en 568. 552 Narsès, général, chasse les Goths de la Sicile ; il défait Totila leur roi ; marche sur la Toscane, prend Rome, assiége Cunus et défait
553 Téia, successeur de Totila : il met ainsi fin au royaume des Ostrogoths.

555 Les Perses, conduits par leur roi Cosroës Ier, envahissent la Syrie : les habitants de la Colchide s'unissent aux Romains, et les Perses sont chassés.

558 Les Huns menacent Constantinople, et Justinien leur paie un tribut.

MORT de JUSTINIEN. 565 Mort de Justinien. Le vertueux Bélisaire, qui avait sauvé l'empire, était mort quelques mois auparavant. Faussement accusé, il fut dépouillé de ses biens par l'empereur qui lui fit, dit-on, crever les yeux. Ce règne fut plein de gloire, de fautes, de scandales et de malheur, de sanglantes séditions, des tremblemens de terre, qui renversèrent des villes entières, en 557, et la peste qui dépeupla l'Europe. La plus grande gloire de ce règne fut un Code de lois sages : le questeur Trébonius fut chargé de cette compilation : ces lois, dernier monument de la jurisprudence romaine, furent ainsi publiées :

LOIS de JUSTINIEN. 1°. Le Code (528), recueil en 12 livres de constitutions impériales ; 2°. Les Institutes (533), qui réduisirent en principes élémentaires, à l'usage des écoles, tout le système des lois romaines ; 3°. Les Pandectes ou Digestes (533), compilation en 4 livres des Codes Gregorien, Hermogénien, Théodosien, et de 2,000 traités de jurisprudence ; 4°. Les Novelles ou Authentiques (523 et 565), recueil de lois récentes rendues par Justinien. Tous ces Codes s'accordent à reconnaître pour souveraine et absolue la volonté de l'empereur.

JUSTIN II 565 — Il succède à son oncle Justinien, et végète obscurément sur le trône. Justin disgracie Narsès ; ce général appelle les Lombards.

TIBÈRE II adopté. 578 — Juste et brave, il n'oppose qu'une faible résistance aux nombreux ennemis de l'empire.

MAURICE adopté. 582 — Tibère lui avait donné sa fille en mariage : il bat les Perses, et périt de la main de Phocas
602 que l'armée élève sur le trône, en 602.

ESPAGNE. — VISIGOTHS.

ALARIC II. 409 — Les Romains contenaient encore les Visigoths dans les Gaules, quand ceux-ci, sous la conduite d'Ataulphe, quisuccède à Alaric (412),

ATAULPHE. EURIC. 412 passent les Pyrénées. Ataulphe est élu roi à Barcelonne ; il traitait d'égal à égal avec les Césars. Euric, son successeur, enlève tout ce qui tenait pour les Romains. Léovigilde, con-

LEOVIGILDE. 586 quiert le royaume des Suèves. La monarchie des Visigoths comprenait, outre l'Espagne, la Septimanie (Languedoc) dans la Gaule, et la Mauritanie Tingitane, en Afrique. Au 8e siècle, elle est renversée par les Arabes.

ITALIE.

ALBOIN, chef 568 — Les LOMBARDS (longue barbe), venus du fond de la Germanie, s'unissent aux Avares ou Abares contre les Gépides ; et, sous la conduite de leur chef Alboin, s'emparent de l'Italie, depuis les monts de Trente (Tyrol) jusqu'aux portes de Ravenne et de Rome. Ils prennent aussi Pavie (Ticinum, puis Papia) dont ils font leur capitale. Alboin est assassiné
572 par sa femme Rosemonde ; il l'avait contrainte à boire dans le crâne de son père qu'il avait fait mourir.

Charlemagne détruisit cet empire en 774.

EGLISE.

GRÉGOIRE Ier surnommé Le-Grand. 590 — Il succéda à Pélage II, dans le temps que Rome était ravagée par la peste. Il était fils du sénateur Gordien et de Sainte-Sylvie. Il avait des talents et des vertus qui lui méritèrent le surnom de grand et le firent mettre au rang des saints. Il envoya des missionnaires en Angleterre, qui convertirent le roi de Kent. Ce grand pape a laissé beaucoup d'écrits, et est mort en 604.

ARABES D'ORIENT.

MAHOMET, prophète. 570 — Cet Arabe, dont le nom est devenu si célèbre, naquit à la Mecque, en 570, dans la famille des *Koraichites*, qui se prétendait la plus illustre des 12 tribus d'Ismaël, fils d'Abraham et d'Agar. Enrôlé à 14 ans, Mahomet fait la guerre dans la Syrie et revient à la Mecque, où il pense à se faire l'apôtre d'une religon nouvelle. Les Koraichites, con-

KORAICHITES. Hégire des Turcs. servateurs de la maison carrée, habitée par Abraham, craignant de perdre leur considération par l'établissement d'une nouvelle doctrine, l'attaquent comme étant fausse : et Mahomet, condamné à mort, s'enfuit à Médine (*Yatrippa*). C'est de cette fuite que date l'ère ou *Hégire* des Musulmans. Le premier
622 jour de l'Hégire répond au vendredi, 16 juillet, 622 de notre ère.

DÉCOUVERTES, *Fondations et Inventions.*

512 Papier à écrire, apporté d'Egypte.
530 Deux moines apportent de la Sérique (Chine), des œufs de vers-à-soie, et les donnent à Justinien.
548 Monnaies d'or de Théodebert.
550 Invention des chiffres et des lettres Arabes par Moramère.
Introduction des cloches en France.
Invention des Etriers.

Première Race.

FRANCE.

CLOTAIRE II.

602 Théodebert II et Thierri II, fils de Childebert II, divisent de nouveau la Bourgogne et
605 l'Austrasie, et subjuguent les Gascons : mais ces deux frères, poussés par leur mère Brunéhaut, se
612 disputent la possession de l'Alsace. Vaincu à Tolbiac (ancienne Zulpic, près de Cologne), Théodebert II fut décapité par ordre de son frère. (612.)

613 Thierri II meurt, laissant le trône d'Ostrasie à Sigebert que Clotaire II fait égorger : ce dernier s'empare de toute la monarchie, et fait mourir Brunéhaut. « Cette reine, dit » M. Michelet, fille, sœur, mère, aïeule de » tant de rois, fut traitée avec une atroce » barbarie : on la lia par les cheveux, par un » pied et par un bras, à la queue d'un cheval » indompté, qui la mit en pièces. On lui reprocha la mort de 10 rois ; mais son plus grand » crime aux yeux des barbares, c'était d'avoir » restauré l'administration impériale. Elle » avait fondé une foule d'églises, de monastères » qui étaient alors des écoles. »

Mort de BRUNÉHAUT.

616 Chramme, fils naturel de Clotaire II, se révolte deux fois contre son père, qui le défait et le brûle avec sa famille dans une cabane.

622 Clotaire II donne la Neustrie et l'Ostrasie à Dagobert avec le titre de roi.

623 Révolte des Saxons ; ils sont battus.

PARLEMENS Ambulatoires.

628 Mort de Clotaire II. Il créa les parlemens ambulatoires nommés *Placida*, d'où viennent les mots *plaids*, *plaider*.

11me Roi DAGOBERT Ier. Fils de Clotaire et de Bertrude.

628 — Entouré de ministres Romains, de l'orfèvre St.-Eloi, son trésorier, et du référendaire St.-Ouen, Dagobert Ier. s'occupe de fonder des couvents, d'orner les églises : c'est le Salomon des Francs. Ces Scribes écrivent pour la première fois les lois barbares : ce sont les lois des Ripuaires; elles révèlent un état de civilisation plus avancé. Dagobert laisse l'Aquitaine à son frère Charibert; il répudie Gomatrude et épouse Nantilde. On lui compte jusqu'à trois femmes à la fois.

630 Chilpéric succède à son père Charibert, roi d'Aquitaine : Dagobert le fait empoisonner ; c'était son neveu.

632 Dagobert fait roi d'Ostrasie son fils Sigebert III.

638 Mort de Dagobert Ier. Il est enterré à Saint-Denis. Tout l'honneur de ce règne doit être rapporté aux Maires du Palais *Arnulfe*, *Pépin*, et à *St.-Eloi*. Une chanson populaire qualifie Dagobert Ier de bon roi : cependant il accabla le peuple d'impôts et fit massacrer 15,000 Bulgares auxquels il avait permis de passer l'hiver dans ses états.

12me Roi CLOVIS II Sous la tutelle de Nantilde, sa mère. ARCHAMBAUD Maire du Palais.

638 — Il fut d'abord roi de Neustrie, et son frère Sigebert II, roi d'Ostrasie. Sigebert étant mort, (654), les 3 royaumes furent réunis sous Clovis II,
651 ou plutôt sous Erchinoal ou Archambaud, maire du palais de Bourgogne et de Neustrie. Grimoald, fils de Pépin, était maire de Sigebert II, roi d'Ostrasie.

MAIRES DU PALAIS.

Le maire du palais (major, le plus grand) choisi primitivement par le roi (jusqu'à Dagobert Ier.), fut élu comme magistrat populaire, institué pour la protection des hommes libres.

651 Clovis II épouse Bathilde, issue des princes Saxons qui composèrent l'Heptarchie. Jeune, elle fut enlevée par des corsaires qui la vendirent au maire Archambaud. Cette reine était vertueuse : elle abolit l'esclavage et le droit qu'un père avait de vendre ses enfants.

ENFANTS TROUV.

654 St.-Maimbœuf fait bâtir un hospice d'Enfants Trouvés à Angers.

Sous Clovis II, une famine ravage la France : le roi distribue aux pauvres tout ce qu'il a dans ses coffres; il fait même vendre l'argenterie de de St.-Denis.

656 Mort de Clovis II. Il laisse la royauté indivise entre ses trois fils : Clotaire III, Childéric II et Thierri III, sous la tutelle de la reine Bathilde et l'administration du maire Archambaud, fils de Grimoald.

13me Roi CLOTAIRE III. Ebroïn, maire.

656 — Il monte sur le trône à 5 ans. Sa mère Bathilde règne avec sagesse. Elle fonde l'abbaye de Chelles (S.-et-Marne) et s'y retire, laissant l'état à la merci d'Ebroïn. Clotaire meurt à 18 ans.

14me Roi CHILDÉRIC II.

670 — Il succède à son frère aîné. Indigné de la conduite qu'Ebroïn avait tenue à son égard, il le relègue dans un cloître à Luxeuil.

673 Childéric II ayant fait battre de verges un seigneur nommé Bodillon, celui-ci fit assassiner le roi dans la forêt de Chelles, ainsi que sa femme enceinte et son fils enfant.

15me Roi THIERRI Ier., premier roi Fainéant.

— Les seigneurs qui avaient enfermé Thierri III, roi de Bourgogne et de Neustrie, dans l'abbaye de Saint-Denis, le proclamèrent eux-mêmes roi, sous le nom de Thierri Ier. Ce fut aussi le premier roi *Fainéant*.

EBROIN, maire.

Ebroïn sort de son couvent et contraint Thierri Ier. à le recevoir de nouveau pour son maire du palais.

688 Ebroïn est assassiné par un noble Franc qu'il avait menacé de la mort. Bertaire, dernier maire de Thierri Ier., fut le témoin et la victime de la révolution arrivée par l'entremise de Pépin : le duc Pépin-Héristel s'était déjà emparé de l'Austrasie, lorsque Dagobert, fils de Chilpéric, fut assassiné : il en était souverain sous l'autorité apparente de Thierri. Les mécontents du gouvernement de Thierri passaient en Austrasie; Pépin les accueillait. Thierri voulut en avoir raison : le combat de *Trestri*, gagné par Pépin, rendit ce dernier maître de tout le gouvernement, sous le nom de maire du Palais.

PÉPIN D'HÉRISTEL Maire.

Thierri Ier. régna 18 ans : il fut enterré dans l'abbaye de Saint-Wast d'Arras, qu'il avait fondée.

16me Roi CLOVIS III.

691 — Il est roi de nom : Pépin règne. Les Alle-
692 mands et les Frisons sont encore soumis.

17me Roi CHILDEBERT II.

695 — Il succède à son frère Clovis III; mais Pépin règne. Il poursuit sa guerre contre les Allemands.

ALLEMAGNE.

ORIGINE DES GERMAINS et des ALLEMANDS.

— La Germanie (*de Germanne, hommes de guerre*) comprenait tout le pays situé entre le Rhin, le Danube, la Theiss, la Vistule, la Baltique et la mer du Nord. On y rattachait aussi le Danemarck et la Scandinavie (Suède.)

ALEMANNI (de *Al*, tout, et de *Mann*, homme. Réunion d'hommes, de peuples.)

On voyait au midi les Allemanni, confédération formée de diverses tribus où dominaient les Suèves ou Souabes; à côté, les Bavarois ou Boiariens, chassés de la Bohême par les Marcomans; à l'est, les Marcomans, les Quades, les Hérules et les Hermundures; hors de la Germanie, les Gépides, les Goths; à l'ouest, les Francs qui comprenaient dans leur confédération les Saliens, les Sicambres, les Bructères, les Cattes, les Chamaves; et, sur la côte de l'Océan, les Frisons (Hollande); au nord, les Vandales, les Bourguignons, les Rugiens et les Lombards, tribus de la nation des Suèves, et dont l'émigration laissa la place aux Vénèdes; Au nord-Ouest, les Angles et les Saxons. Les Cimbres et les Scandinaves, la plupart d'origine Germaine, restèrent étrangers à la grande irruption des Barbares; mais ils devaient plus tard faire à eux seuls une invasion sous le nom de Northmans.

FRANCS. BOURGUIGNONS. LOMBARDS. ANGLES-SAXONS.

Les Romains soutinrent de longues guerres contre les Germains. Varus, l'an 9 de J.-C., fut défait à Teutoberg; 16 ans plus tard, Germanicus, neveu de Tibère, fut obligé de repasser le Rhin. Il alla en Syrie, où Pison, gouverneur, l'empoisonna par les ordres de l'empereur, l'an 29 de Jésus-Christ, à 34 ans.

Les lignes Germaniques, soumises à une organisation nouvelle, figurèrent aussi, dès le 3e s. de Jésus-Christ, sous les noms nouveaux qui se sont maintenus dans les différents états de l'Europe. Ce fut une de ces lignes, composée d'Hérules, qui, sous la conduite d'Odoacre, mit fin à l'empire romain d'Occident, en 476, et établit un royaume d'Italie, dont Ravenne était la capitale. De cette époque, au milieu du 8e siècle, l'histoire de Germanie n'offre rien de remarquable. Les Saxons seuls furent contenus par Charles-Martel; son petit-fils, Charlemagne, eut la gloire de les soumettre après une lutte de 30 ans (772 à 805.)

EMPIRE D'ORIENT.

PHOCAS, Empereur. — 602 — Le centurion Phocas est proclamé par l'armée victorieuse. Il fait massacrer la famille royale et s'attire la haine et le mépris des peuples. Une conspiration s'ourdit: Héraclius, exarque d'Afrique, arrive avec sa flotte de Carthage, venge la mort de Maurice et est proclamé empereur.

HÉRACLIUS, empereur. — 610

— Cosroës II, roi de Perse, maître de la Mésopotamie, envahit la Syrie et brûle Antioche, Damas et Jérusalem. Les Avares, alliés des Perses, s'avancent sous les murs de Constantinople : on voulait changer la religion. Héraclius, dans une telle occurrence, veut transporter le siége de l'empire à Carthage; le patriarche s'y oppose, et les libéralités de l'église sauvent l'état.

Race Héraclienne.

Héraclius transporte le théâtre de la guerre au-delà du mont Taurus : la victoire d'Issus signale sa première expédition. L'année suivante, il débarque à Trébisonde, fait alliance avec les Turcs, et force Cosroës à défendre ses propres frontières : les Avares sont taillés en pièces devant Constantinople (626). La paix est signée en 628, avec Siroës qui venait de détrôner son père. — 626

Héraclius, attaqué par les Musulmans, perd la Syrie et l'Égypte. Déchu de sa gloire, l'empereur finit misérablement son règne entre une dispute théologique et une guerre religieuse. Il était né en 575 : il régna 30 ans. — 641

CONSTANTIN III, Fils du précédent et de Flavia Eudocia. — 641 — Il succède à son père et partage le trône avec Héracléonas, son frère, fils de l'impératrice Martine. Constantin était aimé. Ayant fait enlever un trésor que son père avait déposé chez Pyrrhus, patriarche, Martine s'en venge en empoisonnant Constantin. Héracléonas est mutilé (641), et Martine a la langue coupée.

CONSTANT II, Fils de Constantin. — 641 — Ce règne est remarquable par les désastres de l'empire. Constant II, ayant tué son frère, est exilé. Athènes, Tarente, Rome et Syracuse le voient tour à tour. Un domestique l'assomme dans un bain.

CONSTANTIN IV, Dit Pogonat, à cause de sa longue barbe. — 668 — Son père avait laissé l'empire dans un mauvais état; Constantin IV n'entreprend rien contre les ennemis. Ses frères, ayant attenté pour la deuxième fois à ses jours, il leur fait couper le nez. L'empereur vécut sans gloire, pendant 18 ans, au milieu d'un peuple et d'un clergé turbulents.

JUSTINIEN II, Fils du précédent. — 685 — Il n'est connu que par ses vices. Le peuple, après 10 ans de cruautés, demande la tête du tyran, et proclame Léonce, qui, par reconnaissance pour Pogonat, déporte Justinien II à Cherson, bourgade de la Crimée. — 695

LÉONCE. — 695 — Il est détrôné et emprisonné par un autre favori de la multitude, *Absim-Tibère*, qui tombe

ABSIM-TIBÈRE. — 698 — lui-même sous les coups de Justinien l'exilé, que les Bulgares avaient replacé sur le trône.

JUSTINIEN II, Rétabli. — 705 — Avare et sanguinaire, Justinien II vexe de nouveau les citoyens. Il périt avec son fils Tibérius, sous les coups de Philippicus que des exilés avaient proclamé empereur en Arménie. — 711

En Justinien finit la race Héraclienne.

ARABES D'ORIENT.

MAHOMET, Prophète. — 630 — Mahomet, après la prise de la Mecque, est maître de toute l'Arabie. Cet homme ne dut son élévation qu'à son génie étonnant. La révolution qu'il opéra dans la religion en occasionna de plus grandes encore dans les empires.

ABUBEKER, 1er. Calife ou Vicaire. — 632 — Mort de Mahomet. Abubeker, son beau-père, est reconnu comme son héritier et son vicaire (calife). Ce titre a été porté par tous ses successeurs. Abubeker publia le Coran ou Alcoran (lecture par excellence), annoncé par

LE CORAN.

Mahomet comme venant du ciel, mais composé par lui-même. Ce livre est la seule règle des Musulmans. Les meilleurs principes sont tirés des livres saints. Le calife réunissait le pouvoir civil à l'autorité sacerdotale, et la législation n'était qu'un code religieux. Les lettres et les arts, bannis de l'Europe ignorante, se réfugièrent chez les Arabes.

OMAR, Deuxième Calife. COLOSSE DE RHODES — 638 — Omar, calife, s'empare des îles de l'Archipel et de l'île de Rhodes, où il trouva en morceaux le fameux colosse élevé au temps de Démétrius-Poliocerte, fils d'Antigone (3me s. av. J.-C.), et renversé par un tremblement de terre, 56 ans après son érection. Il était l'ouvrage de Charès, élève de Lysippe, et avait coûté 1 million 300 mille francs : un juif en chargea, dit-on, 700 chameaux.

BIBLIOTHÈQUE d'Alexandrie. — 640 — Les Arabes se rendent maîtres de la Syrie, soumettent l'Égypte et prennent Alexandrie. Le calife Omar fit brûler la Bibliothèque des Ptolémées : on chauffa les bains pendant 6 mois avec les précieux manuscrits de cette collection.

FIN du 2me empire des PERSES. — 652 — Les Musulmans attaquent *Jesdegerde*, roi des Perses, qui meurt assassiné. Ce fut la fin du 2me empire des Perses, qui avait duré 428 ans : il avait été fondé, l'an 226 de J.-C., par Artaxercès, fils de Sassan, simple soldat, qui avait renversé Artaban.

672 — Siége de Constantinople par Yésid, fils du calife Mohasuah.

682 Les califes Ommiades sont chassés de Médine.

ITALIE.

Paul-Luc ANAFESTE, 1er. Doge. — 697 — VENISE, fondée au 5me s., s'était formée aux dépens de l'empire grec; elle fut d'abord gouvernée, pendant 200 ans, par des tribuns élus tous les ans; mais, en 697, douze bourgades se réunissent sous l'autorité d'un Duc ou Doge, en vertu d'une délibération publique. Cette dignité est conférée à Paoluccio (ou Paul Luc) Anafeste, par une assemblée générale tenue dans l'île d'Héraclée. Paoluccio mourut en 717.

Dans le 12me s., le pape Alexandre III, qui s'était réservé la canonisation des Saints, envoya son anneau à la république de Venise, avec invitation de le jeter dans la mer le jour de l'Ascension, pour sceller le mariage du Doge avec l'Adriatique.

DÉCOUVERTES, *Inventions et Fondations.*

622 Invention des feux grégeois.

630 Fondation de l'université de Cambridge, par Sigebert, roi d'Essex.

634 Fondation de St.-Denis, par Dagobert Ier.

650 Invention des foires et des moulins à vent.

674 Première introduction des carreaux de vitre en Angleterre.

693 Plumes à écrire, substituées aux réseaux.

FRANCE.

Première Race. MÉROVINGIENS		
18me Roi DAGOBERT II.	711	— Il succède à son père Childebert II, et règne 4 ans, sous la dépendance de Pépin d'Héristel, homme qui servait l'état, en même temps qu'il anéantissait l'autorité royale.
19me Roi CLOTAIRE IV.	715	— Chilpéric-Daniel fut chassé par Charles-Martel, fils de Pépin et de sa concubine Alpaïde. Clotaire IV fut roi et ne régna que 17 mois, sous la dépendance de Charles-Martel, maire du Palais.
20me Roi CHILPÉRIC II, Fils de Childéric II.	716	— Rappelé d'Aquitaine, où il s'était retiré, il s'oppose, avec le maire Rainfroi, aux vues ambitieuses de Charles-Martel, maire ; mais ce dernier triomphe : il est reconnu maire, et Rainfroi perd sa place. Chilpéric mourut à Nyon, en 720.
21me Roi THIERRI II, dit de Chelles, fils de Dagobert II.	720	— Charles-Martel le tire de l'abbaye de Chelles (S.-et-Mar.) et gouverne sous son nom.
	725	Charles-Martel dompte les Bavarois et les Allemands ; écrase les Sarrasins entre Tours et
SARRAZINS vaincus par C. Mar.	738	Poitiers, et achève de les détruire à Narbonne : l'Europe lui doit de n'être pas Mahométane.
		Thierri était mort l'année précédente ; mais Charles-Martel, duc des Français, continue de régner sans nommer un nouveau roi. Il réunit la Frise à la couronne.
	739	Il dompte les Saxons révoltés, et fait trembler l'Europe.
	741	Mort de Charles-Martel, du pape Grégoire III et de l'empereur d'Orient, Léon l'Isaurien.
	742	Carloman et Pépin, fils de Charles-Martel, se partagent le gouvernement.
22me Roi. CHILDÉRIC III, fils de Thierri de Chelles, dit l'Insensé. PÉPIN, MAIRE.	742	— Pépin-le-Bref (à cause de sa petite taille) fait cesser l'interrègne en proclamant Childéric III, roi dans la partie de la France que Pépin gouvernait (la Neustrie, la Bourgogne, la Provence). Carloman, frère de Pépin, régnait seul en Austrasie.
	744	Eudes, duc d'Aquitaine, se révolte encore : il est défait.
	746	Carloman se retire à Rome où il embrasse la vie religieuse.
Fin de la 1re Race. Elle dura 334 ans, depuis Pharamond, et 270, depuis Clovis Ier.	750	Childéric III est détrôné, rasé et enfermé dans le monastère de St.-Bertin. Son fils Thierri est aussi envoyé dans le monastère de Fontenelle, en Normandie.

2me RACE, DITE DES CARLOVINGIENS.

Deuxième Race.		
23me Roi PÉPIN-LE-BREF épouse Bertrade. Prem. cérémonie DU SACRE, renouvelée des Juifs.	752	— Dans une assemblée tenue à Soissons, Pépin est sacré roi par Boniface, archevêque de Mayence : c'est la première cérémonie de ce genre. Le pape Zacharie, qui mourut en 752, consulté sur l'usurpation de Pépin, répondit : « Il vaut mieux donner le titre de roi à celui » qui en a déjà l'autorité, que de le conserver » à celui qui n'a rien. »
	754	Etienne III, pape, sacre Pépin à St.-Denis.
EXARCHAT de Ravenne. EUTICHÈS, dernier Exarque.	755	Depuis 552, Ravenne était gouverné par un exarque, au nom des empereurs Grecs ; Astolphe, roi des Lombards, s'en empare. Pépin passe deux fois les monts, prend Ravenne et le rend au pape Etienne III.
	756	Didier, général d'Astolphe, s'empare du trône, et confirme la donation de Pépin. De-là date la puissance temporelle des Papes.
	757	Envoi du premier orgue par Constantin-Copronyme.
ASSEMBLÉES DE MARS COURS PLÉNIÈRES.	767	Les Assemblées générales commencent à se tenir au mois de mai : précédemment c'était au mois de mars. Cour plénière aux fêtes de Noël et de Pâques.

Deuxième race. CARLOVINGIENS.		
	768	Le duché d'Aquitaine est réuni à la couronne. Le petit-fils d'Eudes, descendant de Caribet, était duc.
	768	— Mort de Pépin-le-Bref enterré à Saint-Denis. Ses deux fils, Charlemagne et Carloman, lui succèdent ; mais l'ambition les divise, et la mort de Carloman, arrivée en 771, rend Charlemagne maître de toute la monarchie.
24me Roi CHARLEMAGNE, premier Empereur d'Occident, de la Maison de France, né à Salzbourg, en 743.	771	— Ce prince régnait depuis 768.
	772	Guerre contre les Saxons, sous la conduite de Wittikind, leur chef : elle dure 33 ans : ils sont défaits près de Paderborn, et l'on pille leur fameux temple où était adoré l'idole d'Irminsul.
COURONNE DE FER.	774	Charles détrône son beau-père Didier, roi Lombard, et met sur sa tête la couronne de fer, qu'ont portée depuis Charles-Quint (16e s.) et Napoléon (19e s.) 1.
CHARLES, Roi d'Italie.		Le pape Adrien Ier. reconnaît Charlemagne roi d'Italie et Patrice de Rome.
	775	Concile tenu à Rome, qui confère à Charles le droit de confirmer l'élection des Papes.
	777	Invasion des Normands ; ils sont repoussés.
	778	Bataille de Roncevaux, gagnée par le duc de Gascogne : Rolland, neveu de Charles, périt ; il fut enterré à Blaye (Gironde.)
	780	4,500 Saxons sont décapités à Verden (Han.)
	788	Le duché de Bavière est réuni à la France. Tassillon et son fils, cousins de Charlemagne, sont mis dans un couvent.
	789	Capitulaire qui punit de mort quiconque, par mépris pour la religion, fait gras le carême.
Chant Grégorien.		Chant Grégorien introduit en France. Fondation d'une école dans le palais du roi qui ne savait pas même écrire. Pierre de Pise, Italien, et Alcuin, anglais, furent les chefs de l'instruction.
	796	Le pays des Avares ou Abares (Huns) est réuni à l'empire (Autriche et Hongrie.)
	799	Charlemagne prend Majorque et Minorque.
CHARLEMAGNE, Empereur.	800	Le jour de Noël, à minuit, au moment où Charles est à genoux, le pape Léon III lui met la couronne impériale sur la tête, et le salue Auguste et empereur des Romains.
ADMINISTRATION	813	Charlemagne organisa l'administration civile, perfectionna le système des fiefs, protégea les sciences : ses capitulaires furent des lois de sang. Il poussait un peu loin l'économie, en faisant vendre les légumes de son jardin. Il fit les premières lois Somptuaires, réglant le prix des étoffes.

BOURGOGNE.

PÉPIN-LE-BREF, Roi de Bourgogne.	745	— Pépin fut élu roi de France, d'Ostrasie et de Bourgogne par les Seigneurs, les prélats et les abbés.
CARLOMAN, Roi.	768	— Carloman, fils aîné de Pépin, eut la Provence, la Bourgogne et l'Allemagne. Charlemagne, à la mort de son frère (771), réunit tous ces états. Ses deux neveux se retirèrent chez Didier, roi des Lombards, où ils moururent ignorés.
SANSON, Duc.	772	— Sanson, chef alors du gouvernement de Bourgogne, prit le titre de duc. Ce
	778	Sanson fut tué à la bataille de Roncevaux.
HUGUES, Duc.	779	— Hugues, fils naturel de Charlemagne, succéda à Sanson. Charlemagne avait fait rebâtir plusieurs églises et enrichi, par de nouvelles dotations, le clergé et les couvents de la Bourgogne, à la condition, par le clergé, de propager l'instruction. Le clergé accepta les dons et n'ouvrit aucune école : l'instruction resta concentrée dans les cloîtres.

1 Cette couronne est d'or pur ; mais elle tire son nom de couronne de fer d'un petit cercle de fer, formé, dit-on, d'un des clous qui servirent à crucifier Jésus-Christ, et placé dans la partie intérieure. Elle fut déposée dans le trésor du monastère de la ville de Monza. Napoléon institua, le 5 juin 1805, l'ordre de la Couronne de Fer.

ESPAGNE.

710 — Les Sarrasins, maîtres de toutes les provinces septentrionales de l'Afrique, convoitaient celles de l'Espagne, voisines de la mer : ils avaient déjà ravagé les côtes de l'Andalousie.

RODRIGUE, dernier roi des Visigoths. — Le comte Julien, vice-roi de la Mauritanie, pour Rodric ou Rodrigue, livre l'Espagne aux Maures, pour se venger du déshonneur de sa fille, Florinde-la-Cava ou la Méchante, insultée par Rodric. Les Maures entrent en Espagne sous les ordres de leurs généraux Tarik et Abuzara. Rodrigue sort de sa léthargie voluptueuse; mais son courage ne peut rien ; il est vaincu, et avec lui les Visigoths, à la sanglante bataille

Bataille de Xérès. 714 de Xérès-de-la-Fontara (714), dans l'Andalousie, au nord-est de Cadix : il se sauve et se noye dans le Bétis (le Guadalquivir). Ce fut le dernier roi des Visigoths : Ataulphe, élu à Barcelonne, en 415, avait été le premier.

Cette victoire jette la consternation dans l'Espagne; toutes les places se rendent : Tolède seule résiste; mais Mouza, général Sarrazin,

VALID, CALIFE. commandant en Afrique, pour le calife Valid, passe en Espagne avec de nouveaux renforts, et en achève la conquête.

PÉLASGES, Roi des Visigoths de la 2me monarchie. 718 — Les Maures, maîtres de l'Espagne, Pélasges se retire avec quelques fugitifs dans les mont des Asturies, y fonde un petit royaume qui servit, 700 ans plus tard, de point d'appui aux Chrétiens pour reconquérir l'Espagne.

Les Sarrasins assiègent Toulouse en 720.

SARRASINS, vaincus. 732 *Eudes*, duc d'Aquitaine, vaincu par eux, appelle les Francs à son secours : Charles-Martel défait les Sarrasins entre Tours et Poitiers, en 732 : mais en 738, il les chasse de la Provence.

ITALIE.

— Les Grecs, les Lombards et les Sarrasins se disputaient les lambeaux de l'Italie. Rome, astucieuse et prudente, conservait, protégée

774 par les rois Francs, son influence au milieu de toutes ces fluctuations.

— Venise luttait contre la tyrannie de ses doges : Marcel-Tégaliano est égorgé dans son palais; Galla devient aveugle et est exilé; Monégario est tué après 8 ans de règne; Jean, fils du doux Maurice Galbaïo, est contraint de s'enfuir : ce tyran ne respecte rien :

PÉPIN, Fils de Charlemagne, roi d'Italie. les biens, les femmes, les filles des citoyens, deviennent sa proie : il fait précipiter du haut d'une tour le patriarche Grado, qui a refusé de sacrer évêque de Rialte, un grec dont Jean a fait choix. Obélério s'empare de la couronne; chassé, il se réfugie à la cour de France où il entraîne Pépin dans une guerre contre les Vénitiens. Ceux-ci, réfugiés d'abord dans Rialte, voient la flotte de Pépin s'engager dans le canal :

PÉPIN, vaincu à Rialte. 809 ils l'attaquent et la forçent à se retirer en désordre. Cette victoire rend les Vénitiens redoutables. Ce Pépin, fils de Charlemagne, était roi d'Italie.

EXARCHAT de Ravenne. 726 — Luitprand, roi des Lombards, s'empare de Ravennes, sous l'exarque Paul qui le reprend l'année suivante, aidé du pape Eugène II et de Venise. Ravennes est enfin prise par Astolphe sur Eutychès, dernier exarque, qui retourne à Constantinople.

EMPIRE ROMAIN D'ORIENT

JUSTINIEN II. 705 — Cet empereur, détrôné par Léonce, en 695, est rétabli en 705 : aidé des Bulgares, il vient à bout de mettre le siége devant Constantinople, de la prendre et de faire mourir Léonce. Il est à son tour décapité en 711, par Philippus qui lui succède.

PHILIPPUS. 711 — Il marche sur les traces de Justinien II : trois ans après son élection il est assassiné et remplacé par Artémius, qui prend le nom d'Anastase.

ANASTASE II. 713 — Il soutient un siége terrible contre les Sarrasins qui ne se retirent qu'après avoir ravagé les environs de Constantinople. Victime d'une sédition militaire, l'empereur cède le trône à Théodose II.

THÉODOSE II. 716 — Cet empereur, propre à rien, est renversé, au bout de trois mois de règne, par

LÉON III, de la race Isaurienne. 717 Léon III, dit l'Isaurien, qui règne 24 ans; il sut maîtriser les factions et se prêter aux circonstances difficiles.

ICONOCLASTES. Une secte d'Iconoclastes (briseurs d'images) se forme dans l'Orient : Léon III les soutient

GRÉGOIRE II, Pape. 726 par un édit que condamne le pape Grégoire II, qui profite de cette occasion pour s'affranchir du joug des empereurs d'Orient. Cette fureur de briser les images est poussée si loin, que les églises, les monuments sont détruits, et les travaux des artistes cessent tout-à-coup.

741 Léon meurt en 741. Il avait résisté aux Sarrasins : le feu Grégeois, qui brûla leur flotte, sauva Constantinople ; mais les querelles théologiques préparaient sa ruine.

CONSTANTIN V, Copronyme, (qui a sali l'eau de son baptême.) 741 — Il bat les Sarrasins, renverse Artaverdès qui s'était emparé du trône pendant son absence en Syrie, et supprime les ordres monastiques.

LÉON IV. 775 — Il épouse Irène l'Athénienne. Les fils de Léon se révoltent : il leur fait couper le nez et les exile à Athènes. Par son testament, Léon instituait Irène régente pendant la minorité de

CONSTANTIN VI. 780 son fils, Constantin VI : celui-ci, voulant secouer le joug de sa mère, est relégué dans un monastère où on lui crève les yeux.

IRÈNE, SEULE. 797 — Elle soumet les Sarrasins et les Bulgares, et convoque un concile contre les Iconoclastes. Cette Frédégonde de l'Orient, ayant offert sa main à Charlemagne, en 801, qui l'avait accepté, fut détrônée par le trésorier Nicéphore

EMPIRE des GRECS ou BAS-EMPIRE. 802 I.er, et reléguée à Mytilène (802.) A cette époque remonte le commencement de l'empire des Grecs ou du *Bas-Empire*.

ARABES D'ORIENT.

AARON-AL-RASCHILD. 786 — Aaron était le 5e calife de la race des *Abassides* qui avait succédé à celle des *Ommiades*, sous lesquels l'empire des Arabes fut aussi considérable que celui des Romains : il s'étendait en Asie, en Afrique, en Espagne, en Itatie, et dans la midi de la Gaule. Mervan fut le dernier calife Ommiade en Orient (745.)

Aaron fit présent à Charlemagne d'une horloge d'eau, d'un jeu d'échecs : il fut brave, libéral, mais perfide, capricieux et ingrat. Il partagea son vaste empire entre ses trois fils, *Amin*, *Mamoun* et *Motassen*. Aaron ou le juste calif mourut en 800.

DÉCOUVERTES, *Fondations et Inventions.*

740 — Fabriques de tapis établies en Provence, par les Arabes.

754 — Invention des lettres de change par les Lombards.

757 — Fondation de Bagdad, capitale d'un empire célèbre dans les arts (Asie.)

760 — Première horloge à rouages, vue en France.

779 — Fondation des dîmes.

789 — Ecole fondée par Charlemagne.

790 — Commencement d'un canal faisant communiquer l'Océan et le Pont-Euxin, en joignant le Rhin et le Danube (par Charlemagne).

796 — Fondation de Fez et de Tunis par les Arabes (Afrique.)

Deuxième Race.
CARLOVINGIENS.
CHARLEMAGNE.

FRANCE.

Jugement de la Croix.
802 —Jugement de la Croix : il consistait à donner gain de cause à celui des deux partis qui tenait le plus long-temps ses bras élevés en croix.

803 Pour achever de réduire les Saxons, Charles prive les enfants de la succession de leurs pères.

NORTMANDS.
807 Malgré l'éclat du règne de Charlemagne, l'empire des Francs, dit M. Michelet, semblait atteint d'une caducité précoce. Charlemagne, arrêté dans une ville de la Gaule-Narbonnaise, voit les barques Scandinaves pirater jusque dans le port : « Ce sont nos plus cruels ennemis, dit-» il, à ceux qui les prenaient pour des marchands » Juifs, Africains ou Bretons. » Charles les poursuivit : ils s'évanouirent; mais l'empereur s'étant levé de table, le visage inondé de larmes, dit, en regardant l'Orient : « Savez-vous, mes » fidèles, pourquoi je pleure amèrement ? » Certes, je ne crains pas qu'ils me nuisent » par ces misérables pirateries; mais je m'af-» flige profondément de ce que, moi vivant, » ils ont été près de toucher ce rivage, et je » suis tourmenté d'une violente douleur, » quand je prévois tout ce qu'ils feront de maux » à mes neveux et à mes peuples. » *(Chroniq.)*

811 Charlemagne perd ses 2 fils, Pépin et Charles. Comme les Césars, il associe Louis, son 3e fils, à l'empire, et fait Bernard, fils de Pépin, roi d'It.

814 Charlemagne meurt d'une pleurésie, le 28 janvier 814, à 71 ans, après 47 ans d'un règne plein de gloire, à Aix-la-Chapelle, capitale de ses vastes états. Il possédait la France, l'Allemagne, une partie de la Hongrie, les Pays-Bas, le comté de Barcelone, et l'Italie jusqu'à Bénévent. Il avait épousé quatre femmes, entr'autres Hermangarde, fille de Didier, roi des Lombards, qu'il répudia en 771.

25me Roi LOUIS Ier, dit le Débonnaire ou le Pieux, 2me Empereur proclamé à Aix-la-Chapelle.
814 —Louis I.er, le Saint-Louis du 9me siècle, ne s'occupe que d'augmenter les priviléges du clergé. Son règne est une suite de faiblesses punies par des ingratitudes. Elevé par les prêtres, Louis I.er réforme ses maîtres qui quittent leurs armes, leurs chevaux, leurs éperons.

Les papes Etienne IV (817) et Pascal I.er (824), se mettent en possession du pontificat, sans attendre que l'empereur ait confirmé leur élection.

PARTAGE de la Monarchie.
817 Louis I.er partage la monarchie entre ses trois fils : Lothaire est associé à l'empire ; Pépin créé roi d'Aquitaine, et Louis, roi de Bavière.

Les moines sont exempts du service.

818 Louis I.er épouse en 2des noces Judith, princesse bavaroise, qui fut cause de tous ses malheurs: il en eut Charles-le-Chauve.

822 Louis, repentant de sa sévérité envers les moines, demande à être soumis à une pénitence publique. C'était la 1re fois, depuis Théodose-le-Grand, qu'on voyait une pareille humiliation.

830 Louis I.er, pour assurer un état à Charles-le-Chauve, fait un nouveau partage. Ses enfants se révoltent, et ce père, vaincu, est enfermé dans le monastère de Saint-Médard, à Soissons: Judith est aussi renfermée dans un couvent. L'année suivante, Louis I.er est rétabli : le peuple avait trouvé des larmes pour son vieil empereur.

NORTMANDS.
834 Première incursion des Nortmands commandés par Hastings, paysan des environs de Troyes.

835 Mort de Pépin, roi d'Aquitaine.

840 Mort de Louis Ier.— Ce fut dans une expédition contre son fils, roi de Bavière, que Louis trouva la mort : une éclipse totale de soleil effraya cet esprit que les malheurs et la superstition avaient affaibli : il mourut de chagrin et d'inanition dans une île du Rhin, près de Mayence, le 23 juin : il fut enterré à Saint-Arnoul-de-Metz.

26me Roi CHARLES II, dit le Chauve, 3me Empereur d'Occident, couronné en 876, par le pape Jean VIII.
840 —Sous Charles II, les prêtres étaient les maîtres du pays : le vrai roi, le vrai pape de la France, était le fameux Hincmar, archevêque de Reims.

841 Louis-le-Germanique, Ier roi d'Allemagne, et Charles-le-Chauve, roi de France, mécontents du partage qu'avait fait leur père, Louis-le-Débonnaire, attaquent leur frère Lothaire et lui livrent la fameuse bataille de Fontenay, en Bourgogne, où périt la fleur de l'ancienne noblesse. Lothaire, vaincu, se sauve en Italie.

BATAILLE de Fontenay.

TRAITÉ de Verdun.
843 Mais, par la paix qu'ils font à Verdun (843), Lothaire conserve la dignité impériale et le royaume d'Italie : Louis-le-Germanique, la Germanie, au-delà du Rhin ; Charles-le-Chauve, la partie méridionale de la France et l'Espagne septentrionale.

848 Le duc de Bretagne, Noménoé, s'empare de Nantes, de Rennes, de l'Anjou, et se fait roi.

CHARLES, Couronné Empereur, à Paris.
876 Charles-le-Chauve, à la mort de son neveu, l'empereur Louis II, passe en Italie, et se fait couronner empereur malgré les efforts de Carloman, fils de Louis I.er le Germanique.

877 Charles-le-Chauve, méprisé des grands, bien qu'il ait rendu héréditaires les seigneuries, les comtés, meurt à Brios, village en deçà du Mont-Cenis, empoisonné par un juif nommé Sédécias, son médecin, et est enterré au Prieuré de Nantua (Ain.)

C'est sous ce règne, où la féodalité est consommée, qu'on place la fable de la papesse *Jeanne*, entre le pontificat de Léon IV et celui de Benoît III.

27me Roi LOUIS II, dit le Bègue, fils de Charles II et d'Ermantrude, 4e empereur d'Occident.
877 — Ce roi ne put même pas conserver l'ombre de puissance qu'avait eue Charles II : l'Italie, la Lorraine, la Gascogne, la Bretagne ne veulent point entendre parler de lui. Dans le nord de la France, il est obligé de dire aux prélats et aux grands, qu'il ne tient la couronne que de l'élection.

FÉODALITÉ.
Ce règne fut fatal à la France : voulant satisfaire les mécontents, Louis II démembre une partie de ses domaines ; delà naquirent les duchés, les comtés, les seigneuries, la féodalité, le droit d'aînesse et l'hérédité.

Le pape Jean VIII, réfugié en France, couronne Louis II, empereur d'Occident, à Troyes; mais le peuple lui refuse ce titre.

878 Louis II repousse les Normands : ce revers les rend plus audacieux. Le roi meurt le 10 avril 879, à Compiègne (Oise.)

28e et 29e Rois LOUIS III et CARLOMAN, Fils de Louis II et d'Ansgarde répudiée.
879 — Leur amitié fraternelle, qui ne finit qu'avec eux, éloigne la guerre de leurs états. Louis III eut la Neustrie avec une partie de la Bourgogne, et Carloman, l'Aquitaine et la Septimanie (Languedoc.)

882 Mort de Louis III. Il avait battu les Normands à Sancourt, village de Picardie : 9,000 restèrent sur place.

CARLOMAN, seul.
882 Ce roi, et Charles-le-Gros, empereur d'Occident, se réunissent contre les Nortmands : ils leur font des avantages ; ces pirates brûlent Pontoise.

884 Carloman meurt blessé par un sanglier.

30me Roi CHARLES le GROS 5e et dernier empereur d'Occident de la maison de France.
884 — Il était fils cadet de Louis-le-Germanique et oncle de Charles-le-Simple, à la mode de Bretagne : il devient roi de France au préjudice de ce même Charles ; ses états furent aussi puissants que ceux de Charlemagne.

SIÉGE DE PARIS.
887 Charles-le-Gros ayant fait assassiner le roi des Normands, ces pirates mettent le siége devant Paris, où l'emper. les appaise par un traité honteux.

Charles-le-Gros est déposé à la diète de Tribur, en 887, et meurt de chagrin en 888.

31me Roi EUDES ou ODON, comte de Paris, élu Roi.
888 — Il est proclamé roi dans l'assemblée de Compiégne, et sacré et couronné par Gautier, archevêque de Sens, au préjudice de Charles-le-Simple, exclu de tous les trônes, à cause de sa grande jeunesse.

892 Eudes gagne 2 batailles contre les Normands.

Le Pape FORMOSE déterré et jugé.
892 On déterre le pape Formose, qui d'évêque était devenu pape, chose inusitée, et on lui fait son procès.

898 Eudes meurt à la Ferre, âgé de 40 ans.

BOURGOGNE.

879 — L'empereur Charles-le-Chauve confia la Bourgogne Cis-Jurane (en deça du Jura), à Boson, son beau-frère, comte d'Autun, qui,

BOSON, roi de la Bourgogne Cis-Jurane.
883 4 ans après, se fit élire roi par les seigneurs et les prélats assemblés au château de Mantale, près de Vienne (Dauphiné). Son règne ne fut qu'un rêve. Richard, frère de Boson, marcha contre lui au nom des rois Louis III et Car-

loman, et le battit sur les bords de la Saône : Boson
889 se sauva dans les Alpes, où il mourut 6 ans après.

RODOLPHE, roi de la Bourgogne Transjurane. Le royaume de Bourgogne-Transjurane (au-delà du Jura), fut fondé par *Rodolphe*, qui se fit couronner à Saint-Maurice, en Valais (888.)

RICHARD, Dit le Justicier.
889 — Le duc Richard gouverna la Bourgogne en dictateur : il poursuivit les voleurs et les brigands; il mourut à Auxerre, en 921. Il avait donné à l'abbaye de *Cluni*, fondée en 910, par
921 Guillaume, duc d'Aquitaine, les domaines et les châteaux qu'il possédait en Bourgogne.

ANGLETERRE.

EGBERT Roi de la famille Saxonne.
827 — Fin de l'Heptarchie. Egbert se fait roi d'Ang., et commence la famille royale Saxonne.
866 Invasion des Danois.

ALFRED-LE-GRAND Roi Saxon.
871 — Alfred, par sa valeur et son adresse, recouvre sa couronne sur les Danois. Il appelle la philosophie dans la Grande-Bretagne, y établit des cours de justice, institue le Jury, divise le royaume en comtés, et fonde l'université d'Oxford.
893 Alfred défait le pirate danois, *Hastings*, l'Attila de ces temps, qui avait fondu sur l'Angleterre.
Géomètre, poète, architecte, cultivateur,
900 législateur, Alfred meurt à 52 ans.

ALLEMAGNE.

L'ALLEMAGNE Chrétienne.
— L'Anglo-Saxon, *Winfrid*, missionnaire Irlandais, passe en Allemagne, vers 750, la prêche et la soumet au pape *Grégoire II*. Il fonde

RACE Carlovingienne.
l'évêché de Mayence dont il est le premier évêque; puis il donne l'onction royale à Pépin-le-Bref (752.) Ce fut le même Boniface qui dénonça au pape Zacharie l'évêque Virgilius, pour avoir enseigné que la terre était ronde.

CHARLEMAGNE, Empereur.
771 — Charlemagne, puissant en France et en Italie, soumet toutes les parties de l'Allemagne, gouvernées par des ducs, et y établit un gouvernement à peu-près uniforme, qui devint plus tard la base de la féodalité.

LOUIS Ier., dit le Débonnaire.
814 — Il succède à son père ; répand le christianisme dans le Nord, fonde des abbayes en
835 Saxe, et l'archevêché de Hambourg, d'où les missionnaires pénétrent chez les Scandinaves, et en baptisent un grand nombre.
A la mort de Louis I.er, la guerre éclate entre ses fils; mais, après la bataille sanglante de Fontenay, l'empire est partagé. *(Voir la France.)*

LOUIS Ier., dit le Germanique, 1er Roi d'Allemagne ou de Bavière.
843 — A l'extinction de la famille Lothaire, *(d'où vient le nom de Lotharinge, Lorraine)*, Louis réunit à son royaume la Lorraine actuelle, l'Alsace et les Pays-Bas. De son règne datent les divisions politiques de l'Allemagne : c'est l'établissement des diètes, de l'origine de la féodalité, des dîmes et de la servitude du peuple.

Diètes, Dîmes, Féodalité.
En 844, le clergé Allemand déclara que les évêques étaient vicaires de Dieu. Des décrétales, des lois canoniques, fabriquées par un moine inconnu, donnaient aux papes le droit de déposer les rois.
Louis I.er meurt en 876. Ses trois fils, Carloman, Louis-le-Gros et Louis le jeune, se partagent ses vastes états. Il n'y avait d'empereur d'Occident que de nom : *Lothaire I.er*, frère de Charles-le-Chauve et roi d'Italie, avait le titre d'empereur. *Carloman*, fils aîné de Louis-le-Germanique, est roi de Bavière, en 876, *Louis II*, fils de Lothaire I.er, est roi d'Italie et a le titre d'empereur : il meurt en 875, et son oncle, Charles-le-Chauve, est élu empereur en 876, malgré l'opposition de son neveu Carloman, déjà roi de Bavière.

LOUIS II, dit le Begue.
877 — Il est sacré par le pape Jean VIII : il meurt en 879. Il y eut alors un interrègne de trois ans.

CHARLES-LE-GROS.
882 — Il réunit les états de Charlemagne ; mais il fut déposé comme incapable, et l'empire des Francs démembré : il en sortit les royaumes de France, d'Allemagne, d'Italie, de Lorraine de Bourgogne et de Navarre.

ARNOUL, Empereur.
887 — Fils naturel de Carloman, et neveu de Charles-le-Gros, Arnoul monta sur le trône des Allemands ; vainquit les Esclavons et les Normands : il reçut la couronne impériale à Rome, qu'il avait prise d'assaut : il mourut 4 ans après, se croyant empoisonné.

HONGRIE.

ARPADE, Chef.
885 — Les Hongres-Magiars, originaires du Kurdistan, repoussés de leur pays par des hordes de Turcs, arrivent dans la Dacie, où Arpade, leur chef, les établit, et fonde ainsi un état connu sous le nom de Hongrie (Panonie.)

BOHÊME.

— Les *Boïens*, après avoir quitté l'Italie et la Bavière, viennent s'établir dans la contrée appelée *Bohême* de leur nom. Sous l'empereur Auguste, les Marcomans les chassent du sein de la Germanie : ceux-ci sont détruits par les Goths, les Vandales, les Huns (5.e s.), et remplacés par les Tschéques, issus des Sarmates : ils sont idolâtres. Jusqu'au 9.e siècle, rien d'important.

BORZIWOY Ier.
874 *Borzywoy* I.er, élevé à la cour de Moravie, introduit la religion chétienne, et est placé sur le trône ducal après une lutte sanglante.

POLOGNE, RUSSIE.

PIAST, Chef Polonais de la dynastie de ce nom.
842 — A la mort de *Popiel II*, *Piast*, chef bourgeois, est élevé au rang de duc de Pologne. Pendant une disette, il avait offert son blé au peuple : cette action généreuse lui valut le trône.

RURIK, 1er Roi de Russie.
862 — Les Normands s'emparent des côtes de la Baltique, et fondent l'empire *Russe*, dont *Rurik* est le I.er prince : il était chef d'une république établie à Nowgorod.

EMPIRE GREC OU BAS-EMPIRE.

NICÉPHORE Ier.
802 — Il est lâche et vicieux : vaincu par les Arabes, il leur paye un tribut.

STAURACE.
811 —Fils de Nicéphore que les Bulgares avaient tué, ce prince ne règne que six mois.

MICHEL Ier., dit Curopalate.
811 — Il succède à son beau-frère : il est juste, bon, mais faible : vaincu par les Bulgares, il est détrôné par les troupes.

LÉON V, dit l'Arménien.
813 — C'est un mauvais prince : les Bulgares l'assiégent, il est massacré par Michel, officier.

MICHEL II, dit le Bègue.
— Il déshonore le trône pendant 9 ans.
820 C'est le I.er *de la race phrygienne*.

THÉOPHILE Ier.
829 —Sous ce prince, les Arabes prennent la Crête.

MICHEL III.
— L'impératrice Théodora gouverne sage-
842 ment : à la majorité de son fils, elle dépose la couronne ; du fond de sa retraite, elle entend les malédictions du peuple contre ce fils, le Néron et l'Héliogabale de son siècle.

Schisme des Grecs.
La chaire de Constantinople est un objet d'envie : Michel III, mécontent du patriarche Ignace, le force à se retirer et le remplace par Photius, grand écuyer, ministre d'état, vaste génie et homme universel : en 6 jours, il passe par tous les degrés, et est élu patriarche le jour de Noël. Le pape Nicolas Ier prend parti pour Ignace et excommunie Photius (8.e Conc. œcuménique). — L'empereur Basile avait fait

BASILE Ier., de la race Macédonienne.
867 assassiner Michel III; Photius l'outrage publiquement : ce tyran rétablit Ignace et chasse Photius, qui a l'adresse de se faire réhabiliter, après la mort d'Ignace, par l'empereur Léon VI
886 et par le concile tenu à Constantinople, où 400 évêques le reconnaissent innocent. De nouvelles querelles ayant éclaté, Photius s'élève encore contre les dogmes de Rome (pape

LÉON VI, Empereur.
Jean VIII), accuse hautement d'hérésie les évêques d'Occident, et sépare son église de la communion romaine. Ce schisme fut consommé dans le 2me. siècle, par Michel Cérulaire.

ARABES D'ORIENT.

AL-MAMOUN l'Auguste.
813 — Il fait la conquête de la Sicile et de l'île de Crête. Bagdad devint le centre des sciences.

DÉCOUVERTES, *Inventions et Fondations.*
813 — Charlemagne établit les livres, les sous et les deniers.
835 — Construction de la Cathédrale de Rheims.
861 — Découverte de l'Islande par Stoke.

Deuxième Race.

CARLOVINGIENS.

FRANCE.

32me Roi CHARLES III, dit le Simple, fils de Louis II et d'Adélaïde.

898 — Il est reconnu roi par une grande partie de ceux qui ont travaillé à l'exclure, sous le prétexte que son père l'avait eu d'une 2e femme, du vivant de la première. Les possessions de la couronne de France, en Germanie et en Italie, sont encore morcelées; déjà le gouvernement féodal dans ces empires.

NORTMANDS. ROLLON, 1er Duc.

911 Charles III cède la Neustrie aux Normands, depuis lors la Normandie. Rollon en est le premier duc, et Charles III lui donne sa fille Gizelle en mariage, avec la seigneurie directe de la Bretagne. Rollon se fait chrétien. La clameur de *haro* vient de Rollon, dont l'équité égala la valeur, et qui fut respecté après sa mort.

ROBERT, élu Roi.

922 Robert, frère du feu roi Eudes, duc de France, est élu et couronné roi à Reims, par un parti : il est tué près de Soissons, en combattant contre Charles III, qui, malgré sa victoire, se sauve en Germanie. Hébert ou Héribert, comte de Vermandois, le retient prisonnier à Péronne, où il meurt en 929. Sa femme, Egine, passe en Angleterre avec son fils; elle était fille d'Edouard Ier.

CHARLES III, prisonnier à Péronne.

FIEFS.

On peut rapporter à cette époque l'établissement des Fiefs (foi, hommage), fatal à l'autorité royale.

33me Roi RAOUL, fils de Richard, duc de Bourgogne.

923 — Il est élu roi par les seigneurs qui lui arrachent de grandes concessions territoriales. Hébert se fait donner le comté de Laon, que Raoul reprend à la mort de Charles III (929.)

936 Raoul meurt sans enfants, après 13 ans de règne.

HUGUES.

Hugues, duc de France et de Bourgogne, comte de Paris et d'Orléans, surnommé le Grand, l'Abbé et le Blanc, annonçant déjà les grandes destinées de sa postérité, ne croit pas devoir prendre encore la couronne : il rappelle Louis IV, fils de Charles III et d'Ogine ou Egine, qui habite l'Angleterre.

34me Roi LOUIS IV, dit d'Outremer, épouse Gerberge, fille de Henri l'Oiseleur et veuve du duc de Lorraine.

944 —Il n'a que 20 ans : il est couronné à Laon. Arnoul, comte de Flandre, assassine Guillaume, fils de Rollon : Louis IV s'empare de la Normandie, au préjudice du jeune Richard, fils de Guillaume, et est forcé de la céder au comte Hugues qui la rend à Richard.

954 Louis IV meurt d'une chûte de cheval; il laisse, entr'autres enfants, Lothaire, qu'il avait associé à la couronne, et Charles, duc de Lorraine.

Le fils aîné a seul le titre de Roi.

C'est du règne de Louis IV que l'aîné des fils de France a seul le titre de roi : les cadets sont apanagés.

35me Roi LOTHAIRE IV.

954 — Il succède à son père, à l'âge de 15 ans. Hugues-le-Grand, aussi redoutable que les anciens Maires, meurt en 956. Son fils aîné, Hugues-Capet, est roi de France; ses cadets, Othon, Henri ou Eudes sont successivement ducs de Bourgogne.

986 Lothaire IV, réduit presqu'à la ville de Laon, est empoisonné par sa femme Emme, fille de Lothaire, roi d'Italie.

36me Roi LOUIS V, dit le Fainéant, dernier de la race Carlovingienne : Elle régna 235 ans.

986 —Il succède à son père, à l'âge de 20 ans : il ne règne que 15 mois; il est empoisonné par sa femme Blanche, fille d'un seigneur d'Aquitaine.

C'est à la faiblesse de ce roi que sa race doit la perte de la couronne de France.

Troisième Race.

3me RACE, DITE DES CAPÉTIENS.

37me Roi HUGUES-CAPET, couronné à Reims, le 30 juillet, par l'archevêque Adalberon; il épousa Adélaïde, fille de Guillaume III, duc de Guienne : il en eut Robert II.

987 — La couronne appartenait à Charles, duc de la Basse-Lorraine, fils de Louis IV et oncle de Louis V; mais Hugues-Capet ou Chapet, adroit comme tous les usurpateurs, flatte le clergé et les grands qui l'élisent roi à Noyon : il établit sa cour à Paris.

L'avènement de Hugues-Capet est la substitution d'une royauté nationale au gouvernement fondé par la conquête Franque. Les princes Allemands, effrayés par les difficultés, ne firent marcher aucunes troupes pour soutenir la légimité de Charles qui mourut en 992, emprisonné dans une tour à Orléans.

988 Hugues fait couronner son fils Robert à Orléans.

988 Hugues dépose Arnoul, archevêque de Reims, et le remplace par l'Auvergnat Gerbert, depuis pape sous le nom de Sylvestre II.

1re Canonisation.

993 Ulrich est le 1er saint canonisé (pape Jean XV.)

996 Hugues-Capet meurt le 29 août.

IGNORANCE.

L'ignorance était si profonde, qu'à peine les rois, les princes, les seigneurs savaient lire : c'était par l'usage qu'on connaissait les possessions; il n'y avait point de titres.

MARIAGES.

Les mariages se concluaient aux portes des églises, et ne subsistaient que dans la mémoire des témoins; delà beaucoup de divorces.

Langue Romance

La langue Romance *(du nom Romance, amour)* fut substituée à la langue latine.

38me Roi ROBERT II, dit le Pieux.

996 — Il succède à son père. Le pape Grégoire V, dans un concile tenu à Rome, en 998, déclare le mariage de Robert nul. Ce roi voulait résister, mais tout le monde l'abandonne comme excommunié. Tous les évêques vont à Rome faire satisfaction au pape; Robert lui-même renvoie Berthe, sa parente, et épouse Constance, fille du comte de Provence (1000.)

ROBERT, excommunié.

SITUATION de la France.

1000 On croyait généralement, au moyen-âge, que le monde devait finir avec l'an mil de l'incarnation. Ce monde ne voyait que chaos en soi; il aspirait à l'ordre, et l'attendait dans la mort. Cette croyance du jugement dernier se trouvait fortifiée par les calamités qui précédèrent l'an mil, ou le suivirent de près. « Il semblait, » dit M. Michelet, que l'ordre des saisons fut » interverti, que les élémens suivissent des lois » nouvelles. Une peste terrible désola l'Aqui» taine, la chair des malades semblait frappée » par le feu, se détachait de leurs os, et tombait » en pourriture. Ce fut encore pis quelques an» nées après : la famine ravagea tout le monde; » l'on vit les hom. se manger les uns les autres. »

Les cœurs brisés devinrent doux et pieux. Pendant les jours saints de chaque semaine (du mercredi soir au lundi matin), toute guerre était interdite : c'est ce qu'on appela la *paix*, plus tard la *trêve* de Dieu. On ne trouvait de repos qu'à l'ombre des églises. On mettait sur les autels des donations de terres, de maisons, de serfs. On quittait l'épée, le baudrier; on se refugiait dans les églises. Le premier des Capets, Hugues, ne voulut porter que la *chappe*, comme abbé de Saint-Martin-de-Tours.

BOURGOGNE.

— Depuis la mort de Richard-le-Justicier, la Bourgogne avait été le théâtre de guerres continuelles.

RAOUL ou RODOLPHE Duc.

921 — Il succède à son père Richard, et fait sa résidence habituelle à Auxerre. Elu roi de France en 923, Raoul cède la Bourgogne à *Gislebert de Vergi*, son beau-frère, qui n'eut

923 que le titre de gouverneur. A la mort de Raoul, Hugues-le-Noir et son frère Hugues-le-Blanc, dit l'Abbé, se disputèrent la Bourgogne : le dernier l'emporta.

HUGUES-LE-BLANC, dit l'Abbé, Duc.

936 — Hugues-le-Blanc, surnommé l'Abbé, à cause des riches abbayes qu'il possédait, réunissait les pouvoirs des anciens Maires du palais : il avait fait sacrer Lothaire IV, roi de France (954), et celui-ci lui avait assuré les duchés de Bourgogne et d'Aquitaine : il mourut en 956, près de Sens, et fut inhumé à Saint-Denis. Hugues laissait 3 fils : Hugues-Capet ou Grosse-Tête, qui fut roi de France, Othon et Eudes.

OTHON, DUC.

956 — Il réunit sous son sceptre la Bourgogne entière : il eut des démêlés avec Robert de Vermendois, comte de Troyes : il en triompha, et mourut en 965.

EUDES, dit Henri, dernier fils de Hugues-le-Grand, Duc.

965 — Il fut maintenu dans sa dignité ducale, par son frère, Hugues-Capet, qui le nomma le *Grand-Duc*; et le duché lui fut concédé en toute propriété, sous la condition de foi et hommage. Eudes avait épousé *Gertrude*, veuve d'*Albert d'Ivrée*, roi d'Italie : elle avait un fils nommé Othe-Guillaume, que Eudes adopta et qu'il institua son héritier en 1002.

ANGLETERRE.

EDOUARD Ier, l'Ancien. | 901 | — Comme les successeurs de Charlemagne, ceux d'Alfred laissaient envahir la monarchie. Edouard, fils d'Alfred, règne les armes à la main ; il réprime les incursions des Danois.

ATHELSTAN. | 925 | — Fils naturel et successeur d'Edouard, Athelstan vainc les Danois et les Ecossais. Il met au rang des nobles ceux qui ont fait deux voyages maritimes.

EDMOND Ier, frère du précédent. | 940 | — Soumet les Danois au christianisme. La réforme bénédictine s'étend en Angleterre : le moine Dunstan, d'une humeur turbulente, gouverne le roi.

EDRED. | 946 | — Il subit le joug de Dunstan qui lui donne la discipline.

EDWY. | 955 | —Epouse Elgive, sa parente, et exile Dunstan.

EDGAR, frère du précédent. | 957 | — Divise les moines et les prêtres : cependant ils en font un saint. C'est à lui que l'Angleterre doit d'être délivrée des loups.

EDOUARD II, le Martyr. | 975 | — Fils d'Edgar, il autorise le despotisme de Dunstan, et est assassiné par une marâtre.

ETHELRED II. | 978 | — Les Danois reparaissent : on les renvoie avec de l'or. Ethelred épouse, pour avoir un appui, la fille du duc des Normands de France. Les Anglais ayant massacré les Danois, leur chef Sweyn en tire une vengeance complète : Ethelred se sauve ; mais rétabli sur son trône, il le laisse à son fils Edmond II (1016.)

ALLEMAGNE.

LOUIS IV, l'Enfant. | 899 | — Son père, Arnoul, ne lui laisse qu'un pouvoir mal affermi. Les Hongrois le soumettent au tribut (910.) A la mort de Louis IV, les princes Allemands ne choisissent plus leurs rois parmi les descendants mâles de Charlemagne. Les Huns ravagent la Germanie.

Maison de Franconie.

CONRAD Ier. | 911 | — Successeur de Louis IV, il règne peu de temps. Il promet un tribut annuel aux Huns.

HENRI Ier, dit l'Oiseleur, de la maison de Saxe, descendant de Witikind. | 919 | — Il est choisi par les états. On lui donne le nom de Grand. C'est à sa valeur et à sa sagesse, ainsi qu'à ses institutions civiles et militaires, que l'Allemagne doit sa grandeur. Il la couvre de villes, dompte les Esclavons, les Hongrois ; chasse les Huns : ces derniers lui demandant le tribut que payaient ses prédécesseurs, Henri I.er leur envoie un chien galeux.

OTHON-LE-GR., marié, en 951, en deuxièmes noces, à Adélaïde, fille de Raoul, duc de Bourgogne : elle est la première des impératrices romaines et des reines d'Allemagne qui ait été couronnée. | 936 | — Il succède à son père Henri Ier : son règne est glorieux.

Bérenger II, roi d'Italie, portait ombrage au jeune pape imprudent, *Jean XII*, qui appelle Othon : celui-ci défait Bérenger, et se fait couronner roi des Lombards. Jean XII, voyant qu'il s'était donné un maître, se ligue avec *Adalbert*, fils de Bérenger. Othon revient en Italie, renverse tout, s'empare de Rome, chasse le pontife qu'il remplace par le diacre *Léon*, sous le nom de *Jean XIII*. Othon sort de l'Italie : les Romains soulevés rappellent Jean XII qui agite tous les esprits et intéresse à sa cause jusqu'aux infidèles : il meurt au milieu de ses
964 intrigues. *Benoît V* lui succède : Othon, qui reparaît bientôt, saccage Rome et maltraite le pape. Il retourne en Allemagne ; Rome se révolte encore : Othon l'écrase une 3me fois, lui impose encore Jean XIII, et meurt redouté en Italie, et respecté en Allemagne.

OTHON II, le Sanguinaire, succède à son père à l'âge de 18 ans. | 973 | — Il est malheureux dans toutes ses entreprises : les Français le battent près du Rhin ; les Grecs, près de Rome ; les Sarrasins, dans la Pouille : il meurt à Rome d'un coup de flèche.

OTHON III succède à son père à 12 ans. | 983 | — Il va à Rome châtier les Romains auxquels *Crescentius* prêchait la liberté : il le fait pendre ; mais la veuve empoisonna l'empereur (1002.)

HONGRIE.

ETIENNE Ier. | 997 | — On le regarde comme le fondateur de la monarchie hongroise qui devient chrétienne. Le pape Sylvestre II envoie à Etienne la couronne apostolique, et l'empereur Henri II lui donne sa sœur en mariage.

RUSSIE.

OLGA, grande duchesse. | 945 | — Elle prit les rênes du gouvernement à la mort de son mari *Igor*. Elle alla à Constantinople se faire baptiser, et reçut le nom d'Hélène. Mais il était réservé à Vladimir, assassin

VLADIMIR, grand duc, épouse Anne, sœur de Basile II, empereur de Constantinople. | 980 | de son frère, de changer la religion de l'empire. Il fit traîner par un cheval indompté le Dieu *Péroun* qu'adoraient les Russes. Vladimir fut mis au rang des saints dans le calendrier Russe (1015.)

POLOGNE.

MIECISLAS, 1er duc chrétien. | 965 | — Il renonce aux faux-Dieux et se fait chrétien : la Pologne sort de son obscurité.

BOLESLAS Ier, dit Krobry, 1er roi. | 999 | — Othon I.er érige la Pologne en royaume et le donne à Boleslas, chef hardi, qui étend sa puissance de l'Oder au Tanaïs.

ESPAGNE.

DON GARCIE, premier roi des Asturies et de Léon. | 904 | — Mort de ce prince. l'Espagne était déchirée par les guerres opiniâtres des Maures et des Chrétiens, et divisée en une multitude de petits états qui s'attaquaient l'un l'autre. Les chrétiens durent à la valeur de leurs chefs une partie des provinces du nord, et s'affranchirent

RAMIRE Ier. | | sous Ramire I.er du tribut qu'ils payaient aux Sarrasins : je leur enverrai, disait-il aux députés, 20,000 soldats au lieu de 100 jeunes filles.

ALPHONSE III. | 910 | — Il succède à Ramire et règne avec gloire.

ALPHONSE IV. | 927 | — Dégoûté du trône, il se retire dans un cloître. Les royaumes de Léon, de Castille et de Navarre se forment : ils sont arrachés aux Français par le montagnard Enigo.

ABDÉRAME. | 930 | — Abdérame, prince Maure, régnait à Cordoue : les Maures furent puissants. Abdérame mourut en 960. Il disait n'avoir été heureux que 14 jours de sa longue vie (73 ans.)

EMPIRE GREC. — BAS-EMPIRE.

CONSTANTIN VII, Porphirogénète. | 911 | — Fils de Léon VI et de la belle Zoé, Constantin monte sur le trône dans un moment

ROMAIN Ier. | 919 | difficile. Un soldat parvenu, Romain Lécapenus, se fait nommer régent, puis empereur.

CHRIST, ETIENN. CONSTANTIN VIII | 945 | Il règne 25 ans : ses fils, Christ, Etienne et Constantin VIII, le relèguent dans une île de la Propontide, habitée par des moines. Peu de temps après, ces usurpateurs sont chassés, et Constantin VII rétabli (945.) L'histoire de ces temps malheureux n'est qu'un tissu de monstruosités.

ROMAIN II. | 959 | — Il tue son père Constantin, et reçoit luimême la mort de la main de sa femme Théophanie.

NICÉPHORE PHOCAS. | 963 | — Il épouse Théophanie et devient empereur. Il bat les Sarrasins en Italie, en Sicile, en Afrique ; veut réunir les lambeaux épars de
969 l'empire ; mais Othon I.er lui ravit le fruit de ses conquêtes. Théophanie fait tuer son mari.

ZIMISCÈS, noble Arménien, épouse Théophanie | 969 | — Il règne avec gloire : il repousse les Russes qui s'avançaient ; il répudie Théophanie, et meurt assassiné par les Eunuques. Basile II et Constantin IX, fils de Romain, lui succèdent.

ORIENT.

DYNASTIE des Fatimistes, en Egypte. | 908 | — Mahomet avait marié *Fatime*, sa fille, à *Ali*, son cousin, qui fut privé du califat à la mort de son beau-père. *Hacan* et *Hucéin*, fils d'Ali, périrent en voulant défendre leurs droits ; mais une faction considérable s'empara de l'Egypte en 908, et s'y maintint jusqu'en 1172.

DÉCOUVERTES, *Inventions et Fondations.*

900 — Cadastre Anglais commencé en 900, et terminé en 1086, sous Rollon.
901 — Ecoles publiques établies à Paris.
910 — Fondation de l'abbaye de Cluny (Saône et Loire.)
933 — Invention de l'imprimerie par les Chinois.
954 — Le droit de primogéniture établi par Hugues-le-Grand.
987 — Le pape Jean XV invente le catalogue des Saints.
990 — Gerbert, archevêque de Reims, fait une horloge à balancier.
999 — Gerbert, médecin Maure, introduit en Europe les caractères et chiffres Arabes.
— Armoiries, — Tournois attribués à Henri l'Oiseleur.

FRANCE.

Troisième Race. CAPÉTIENS.		
ROBERT II.	1,017	— Robert II fait couronner à Reims son 2me fils Henri, bien que la reine Constance, fille du comte de Provence, désirait que ce fût Robert son fils cadet: ce dernier fut duc de Bourgogne.
Hymnes composées par le Roi ROBERT.	1,031	Robert, disciple de l'Auvergnat Gerbert, était savant, humain et débonnaire : il composa des hymnes que l'on chante encore : il avait refusé l'empire et le royaume d'Italie. Son éloge est renfermé dans ces mots : *il fut roi de ses passions comme de ses peuples.*
39me Roi HENRI Ier., Fils de Robert II, et arrière-petit-fils de Hugues-Capet.	1,031	— Eudes, comte de Champagne, et Baudouin, comte de Flandre, excités par la reine-mère Constance, qui voulait toujours que son fils Robert fût roi au préjudice d'Henri I.er, se révoltent contre leur roi; mais celui-ci, soutenu par *Robert*, dit le *Diable*, duc de Normandie, les fait rentrer dans l'ordre.
ROBERT-LE-DIAB.	1,047	Robert-le-Diable était mort en 1035, en revenant de la Terre-Sainte. *Guillaume-le-Bâtard*, son fils, lui succédait dans le duché de Normandie; mais cette succession étant disputée par plusieurs seigneurs, *Henri Ier* voulait, à la faveur de ces troubles, s'emparer du duché : il échoua complètement.
1re HÉRÉSIE.	1,050	Première hérésie sur la réalité dans le Saint-Sacrement, par Bérenger, archidiacre d'Angers.
40 Roi PHILIPPE Ier., Fils de Henri Ier et de Anne, fille du Czar Ladislas.	1,060	— Henri I.er meurt à Vitri-en-Brie. Philippe I.er, âgé de 8 ans, lui succède sous la tutelle de Baudouin, comte de Flandre, qui soumet les Gascons.
	1,067	Philippe I.er règne seul à l'âge de 15 ans.
PHILIPPE battu à Cassel.	1,067	Philippe, voulant soutenir le petit-fils du comte de Flandre, est battu à Cassel, par Robert-le-Frison, dont il épouse, en 1072, la belle fille Berthe, de Hollande.
GUILLAUME-LE-CONQUÉRANT.	1,087	—Philippe se moque de l'embonpoint de Guillaume-le-Conquérant : *quand est-ce que ce gros homme accouchera ? Je ferai mes relevailles à Notre-Dame avec* 10,000 *lances en guise de chandelles*, répondit Guillaume ; et il tint parole. Le Normand assiége Mantes et la brûle; mais il tombe malade : il se fait transporter à Rouen, où il meurt le 9 septembre 1087.
PHILIPPE, excommunié.	1,095	Philippe I.er est excommunié par Urbain II, pour avoir enlevé Bertrade de Montfort, épouse du comte d'Anjou.
1re CROISADE.	1,095	Urbain II, sur les récits de *Pierre l'Ermite*, gentilhomme d'Amiens, venant de la Terre-Sainte, prêche la première Croisade à Clermont-Ferrand. On les nommait *Croisés*, à cause d'une petite croix d'étoffe rouge placée sur leur poitrine.
	1,108	Philippe I.er, resté tranquille dans son royaume, mourut à Melun, et fut enterré à Saint-Benoît-sur-Loire (Loiret), célèbre par son couvent. Il avait associé à la royauté son fils Louis-le-Gros.

BOURGOGNE.

ROBERT, duc de la Bourgogne Cis-Jurane.	1,032	— Henri I.er, roi de France, donne la Bourgogne-Cis-Jurane à son fils Robert : celui-ci fait la guerre à Guillaume, comte de Tonnerre et de Nevers; s'empare d'Auxerre, où il assassine Dalmace-de-Semur, son beau-frère. Pour expier ce forfait, Robert fonde le riche prieuré de Semur-en-Auxois.
	1,037	Fin du 2e royaume de Bourgogne (Trans-Jurane), par la mort de Rodolphe III, décédé sans enfants; il fit Conrad II son héritier.
HUGUES Ier., fils de Robert.	1,075	— Sous ce duc, la Bourgogne Cis-Jurane fut heureuse (1075 à 1078.) Hugues marche au secours de Don Sanche d'Aragon, roi, et défait les Sarrasins. Hugues, son grand-oncle maternel, était abbé de Cluny. Le duc ayant perdu Yolande de Nevers, sa femme, abdiqua et se fit moine de Cluny, où il mourut après avoir été ordonné prêtre.
EUDES II, dit Borel.	1,078	— Il succède à son père, et se montre moins généreux envers les moines; cependant il leur fait don de la terre de Marcenai et de la forêt de Citeaux, et fait bâtir à grands frais le couvent de ce nom. Bientôt un fléau ravage la Bourgogne, le feu de Saint-Antoine. On invoque Saint-Antoine : les moines qui l'avaient pris pour leur patron, s'enrichissent des dons qui lui sont faits.
	1,092	L'origine des chartreux de Dijon, date de cette époque. Eudes II partit pour la Palestine, et mourut à Tarse. Le pape Calixte II était son beau-frère.

ANGLETERRE.

Race Danoise.		
SUÉNON.	1,014	— Venu pour venger les Danois massacrés par les Anglais, il resta maître du trône jusqu'à sa mort.
EDMOND II, fils d'Ethelred.	1,016	— Ethelred s'était enfui en Normandie. Rétabli sur le trône, il le laissa à Edmond II qui fut obligé de partager le pouvoir avec Canut : à la mort d'Edmond, Canut est seul roi.
CANUT Ier., dit le Grand, fils du Danois Sweihn ou Suénon.	1,017	Ce prince traite les Anglais comme les Danois ; il épouse *Emma*, veuve d'Ethelred, sœur du duc des Normands. Canut conquiert la Norwège, châtie le roi d'Ecosse, fonde des monastères, et va en pélerinage à Rome.
HÉRALD Ier., Fils de Canut.	1,036	— Hérald ou Harold partage le pouvoir avec Hardi-Canut, son frère, fils d'Emma, 2e femme de Canut.
HARDI-CANUT.	1,040	— Il exaspère la nation, fait brûler une ville, et laisse en mourant les Anglais impatients de secouer le joug Danois.
EDOUARD-LE-CONFESSEUR, fils d'Ethelred.	1,042	— Le puissant duc Godwin, gendre de Canut I.er donne sa fille en mariage à Edouard III. Les Danois se mêlent avec les Anglais; les Normands sont favorisés.
GODWIN, père de Harold.		Les Anglais se révoltent, excités par Godwin qui humilie Edouard, et meurt. Son fils Harold II aspire au trône; mais Edouard ayant fait vœu de chasteté, n'eut point de successeur : il fait son testament en faveur de Guillaume-le-Bâtard, duc de Normandie.
DÉMÊLÉS de Harold avec Guillaume Ier, né à Falaise, en 1027, de Robert-le-Diable et d'Arlette, fille d'un pelletier.		Une tempête ayant jeté Harold sur la côte de France, Guillaume le reçut bien ; il lui fit jurer, dit Michelet, « sur des reliques, qu'il l'aiderait à conquérir l'Angleterre, après la mort d'Edouard. Une fois libre, » Harold ne se souvint plus de son serment : le Normand le somma de l'accomplir, déclarant qu'il s'en » rapportait au jugement du pape : le procès de » l'Angleterre fut plaidé au conclave de Latran. » L'Angleterre fut adjugée au duc de Normandie. Cette décision hardie fut prise à l'instigation d'Hildebrand ; le diplôme en fut envoyé à Guilllaume, avec un étendard bénit, et un cheveu de Saint-Pierre.
Victoire de HASTINGS.	1,066	Guillaume, avec soixante mille hommes et trois mille barques, débarque en Angleterre : *Harold* venait de tailler en pièces *Tosti* et ses alliés, quand Guillaume, qui avait brûlé ses vaisseaux, l'attaque et le défait à la fameuse journée de Hastings (comté de Sussex). La reine Mathilde représenta les exploits de Guillaume sur les fameuses tapisseries de Bayeux.
RACE NORMANDE. GUILLAUME Ier., dit le Conquérant, roi d'Angleterre, marié à Mathilde de Flandres.		— Guillaume-le-Conquérant eut plusieurs révoltes à soutenir; mais vainqueur partout, il confisqua les biens de la noblesse Anglaise, et forma des fiefs et baronies dont il dota les seigneurs Normands. Les Normands répandirent l'usage du français du temps (Roman) : ils étaient passionnés pour la chasse: on punissait sévèrement quiconque tuait une bête fauve : alors fut établie la loi du couvre-feu.
GUILLAUME II, dit le Roux.	1,087	— Robert, comme fils aîné de Guillaume Ier, devait succéder à son père, mort en 1087; mais Guillaume II s'empara du trône.
	1,099	Robert, qui avait hérité de la Normandie et du Maine, partit pour les Croisades.

ALLEMAGNE.

HENRI II, dit le Pieux.	1,002	— Il fit des *donations aux églises*, et fut canonisé, ainsi que sa femme, Cunégonde de Luxembourg, en 1,152, par le pape Eugène III. Henri mourut sans enfants.
Maison de Franconie-Salique. CONRAD II.	1,024	— C'est le 1er empereur de cette race; il règne avec vigueur. Il hérite de la Bourgogne-Trans-Jurane à la mort de Rodolphe III (1037.)
HENRI III, dit le Noir.	1,039	Il succède à son père à 12 ans. Il soumet les Bohémiens, secourt le roi de Hongrie contre ses sujets, passe les Alpes, domine l'Italie, et y fait pape Léon IX, pontife vertueux. Henri III avait chassé de Rome trois antipapes qui se disputaient la tiare.
HENRI IV.	1,056	Régence orageuse; prélude des maux qui devaient signaler le règne de Henri IV, prince juste, pénétrant et brave. Le pape et l'empereur se disputent la suprématie. Ce dernier meurt de misère à Liége, après avoir porté trois couronnes et livré 60 batailles. Conrad, son fils, lui succède sous le nom de Henri V : il se
HENRI V.	1,106	battit contre son vieux père. (*Voir l'église.*)

POLOGNE.

MIECISLAS II. 1,025 — Il règne neuf ans; il perd la plupart des conquêtes de Boleslas, accable le peuple d'impôts, et lègue en mourant la guerre civile aux Polonais.

CASIMIR Ier. 1,041 — Chassé de son royaume, il vient chercher un asile dans l'abbaye de Cluny (Saône-et-Loire.) Retourné en Pologne, il règne avec les vertus d'un anachorète et la fermeté d'un soldat.

BOLESLAS II, fils de Casimir. 1,044 Il rend la Russie tributaire : excommunié par l'organe de l'évêque de Cracovie, Boleslas massacre lui-même le prélat (St.-Stanislas) à l'autel. Poursuivi par
1,079 le pape Grégoire VII, Boleslas s'enfuit et est assassiné : l'anarchie lui succède.

RUSSIE.

RELIGION GRECQ. 1,060 — La Russie embrasse les dogmes de l'empire de Constantinople. Uladislas, chef de ce pays, épouse une grecque

BOHÊME.

URATISLAS II, premier roi. 1,061 — Depuis 930, la Bohême était tributaire de l'empire; et jusqu'en 1061, les souverains de ce pays portèrent le titre de Ducs; à cette époque, l'empereur Henri IV donna le titre de roi à Uratislas II, qui était le 18me duc.

ESPAGNE.

DON SANCHE-LE-GRAND, roi de Navarre, fils d'Enigo, comte de Bigore, du sang de Clovis. 1,035 — Don Sanche partage ses états entre ses trois fils. Il donne la Navarre à Garcie IV, son fils aîné; l'Aragon, à Ramire; le royaume de Castille et de Léon, à Ferdinand Ier. Ferdinand s'étend jusqu'au delà du Tage. Il
1,040 se nomme empereur. Henri III, empereur d'Allem., lui défend de prendre ce titre : vous êtes mon vassal, lui dit-il.

FERDINAND Ier., roi de Castille et de Léon. LE CID. Le pape Benoît II soutient Henri. Ferdinand va céder : *Rodrigue de Bivar*, fameux sous le nom du *Cid* (chef), lui rend son courage : il brave avec succès ses ennemis et laisse l'empire à ses fils. La discorde règne entre eux. Ils s'égorgent.

ALPHONSE VI. 1,070 — Alphonse VI, caché chez le Maure Ali Maimon, roi de Séville, s'empare du trône de Castille, et chasse les Maures de Tolède : il occupe l'Espagne jusques dans la partie la plus occidentale. L'office Romain remplace l'office Gothique.

HENRI DE BOURGOGNE comte de Lusitanie, marié à Thérèse, fille naturelle d'Alphonse VI. 1,094 Ce fut à la demande d'Alphonse VI, que Philippe Ier, roi de France, permit à sa noblesse d'aller faire la guerre contre les Maures. Henri de Bourgogne se distingua.

ITALIE.

RÉVOLTE des Napolitains. 1,016 — Les Napolitains, mécontents des Exarques grecs, étaient sourdement disposés à la révolte. Un nommé *Mélo*, rencontrant dans un pèlerinage au mont *Garganus*, 40 guerriers Normands qui allaient en Palestine,

Normands en Italie. 1,017 les invite à s'emparer de l'Italie Méridionale. L'année suivante, les Normands reparaissent avec des renforts sur les côtes d'Italie, et le succès couronne leurs efforts.

— *Guillaume*, dit Bras-de-Fer, fils de *Tancrède de Hauteville*, homme de courage, est reconnu comte de la Pouille.

ROBERT GUISCARD fonde le royaume de Naples. 1,057 Robert-Guiscard, un de ses frères, lui succède, défait le pape Léon IX en bataille rangée; va jusqu'aux portes de Constantinople, brave Grégoire VII, auquel il donne asile, et fonde, par ses exploits, le royaume de Naples.

ÉGLISE.

SCHISME. 1,053 — MICHEL-CÉRULAIRE, patriarche de Constantinople, opère la séparation totale des deux églises, celle de Rome et celle de Bysance. Cette dernière est appelée *Schismatique*. Léon IX, pape, excommunie Michel-Cérulaire, qui, lui-même, excommunie Léon IX. Michel VI occupait le trône de Constantinople.

1,073 HILDEBRAND, né à Saona, en Toscane, de parents obscurs, est élu pape, bien qu'il eût prié l'empereur *Henri IV* de ne pas consentir à son élection, parce qu'il le punirait de ses crimes.

Ce pape veut que tous les princes soient ses vassaux, tous les peuples ses feudataires : l'Europe se soumet; Henri IV marche contre Grégoire VII. Vaincu, abandonné, l'empereur sollicite son pardon à la porte du pape, et l'attend trois jours pieds-nus. Humilié de sa conduite, Henri soulève de nouveau l'Allemagne : le pape l'excommunie et nomme Rodolphe, duc de Bourgogne, à sa place. Henri IV attaque le duc, le défait et le tue : le pape va mourir à Salerne. *Urbain II*, son successeur, soulève *Conrad*, fils de Henri, qui marche contre son vieux père.

La comtesse MATHILDE, fille de Boniface, marq. de Toscane, d'origine française, épousa Godefroi-le-Bossu. 1,085 — La comtesse *Mathilde* était toute dévouée à Grégoire VII : elle légua ses états au Saint-Siége; ils comprenaient la Toscane, Mantoue, Parme, Reggio, Plaisance, Modène, Ferrare.

EMPIRE GREC OU BAS-EMPIRE.

BASILE II et CONSTANTIN IX. 976 — Le premier, brave, ami de l'ordre, gouverne avec sagesse pendant 50 ans. Il chasse les Bulgares de l'empire, et meurt au moment des préparatifs d'une expédition contre les Sarrasins de Sicile. Constantin gouverne seul (1025.)

ROMAIN III, dit Argyre. 1,028 *Zoé*, fille de Constantin, épouse Romain III, qui monte sur le trône. Elle le fait empoisonner.

MICHEL IV, le Paphlagonien. 1,034 — Amant de Zoé, il meurt épileptique.

MICHEL V, Calphate. 1,041 — Neveu de l'empereur, il hérite de sa dignité. Il fait enfermer Zoé, qu'un mouvement populaire tire de sa prison. Zoé fait crever les yeux à Michel; et, seule maîtresse de l'empire, elle s'associe sa sœur Théodora. Ces deux femmes présidaient le sénat et recevaient les ambassadeurs. Il ne leur manqua que de commander les armées; car, dans ces temps malheureux, tout était possible.

CONSTANTIN X, monomaque. 1,042 — Devenu l'époux de Zoé, cet homme cruel est proclamé empereur : il est méprisé et meurt en

MICHEL VI. 1,056 même temps que Zoé. Théodora reste maîtresse de l'empire : elle épouse, cédant aux prières de ses ministres, le vieux Michel VI qui, après la mort de son épouse, cède le trône à Isaac Comnènes.

COMNÈNES (Isaac.) 1.057 — Les Comnènes étaient originaires d'Italie. Manuel, leur père, avait rendu de grands services à l'empire, sous le règne de Basile II. Atteint d'une maladie de langueur, Isaac abdique volontairement.

CONSTANTIN Ducas. 1,059 — Alexis, frère d'Isaac, refuse le trône; Constantin, ami des Comnènes, est élu. Il repousse les Turcs qui, maîtres de la Perse conquise sur les califes, devenaient redoutables : ils remplaçaient les Bulgares, les Hongrois et les Russes, qui, devenus chrétiens, avaient cessé d'inquiéter l'empire Grec.

FERDINAND Ier.

ROMAIN IV. 1,067 — Eudoxie, veuve de l'empereur, est régente : elle épouse le général Romain-Diogène, qui lutte contre les Turcs et est fait prisonnier.

MICHEL VII. 1,071 — Il profite de l'éloignement de son beau-père pour s'emparer du trône : il exile Eudoxie, sa mère, et fait mourir Romain à son retour de captivité.

NICÉPHORE III. 1,078 — Les Turcs l'aident à monter sur le trône : Michel finit ses jours dans un cloître, avec le titre d'évêque d'Éphèse.

ALEXIS COMNÈNE 1,081 — Le règne de ce prince rappelle la 1re *Croisade*. Le Normand *Robert*, et son fils *Bohémond* font la conquête de l'Épire et de la Grèce : mais Robert meurt au moment où il voulait attaquer Constantinople. Alexis, tranquille, s'occupe des Turcs déjà maîtres d'Antioche et de Nicée : ils menaçaient toute la Chrétienté. Alexis appelle les Chrétiens : ils volent à la voix de Pierre l'Ermite, en criant : *Dieu le veut.* Mais tous ces défenseurs de la foi n'étaient qu'un ramassis de barbares dont se purgeait l'Europe. Ils pillaient

1re *Croisade.* URBAIN II, pape. PIERRE L'ERMITE d'Amiens. 1,098 partout; et les Hongrois, et les Bulgares, soulevés contre eux, en font un grand carnage : Pierre est poursuivi jusqu'au delà du Danube; il ne dut son salut qu'à sa lâcheté. En 1099, les plus grands seigneurs de la France, de l'Angleterre et de l'Italie volent au secours de l'Orient : Alexis les accueille; il use de stratagème et profite de leurs conquêtes. Mais *Godefroi de*

BOUILLON, roi de Jérusalem. 1,099 *Bouillon*, chef de la croisade, est roi de Jérusalem; *Bohémond*, prince d'Antioche, et *Baudouin*, prince d'Edesse. Ces souverainetés n'eurent qu'une courte existence.

ASIE.

BAGDAD. 1,095 Les *Califes de Bagdad*, vers la fin du 12e siècle, n'ont plus que les honneurs de l'autel : les Turcs sont entièrement maîtres de leur empire; ils occupent cinq trônes : 1° celui des Perses, où règne un sultan; 2° celui d'Antioche et de la Syrie; 3° celui de Damas et de la Palestine; 4° celui de Cilicie; 5° celui de Nicée, où règne Soliman qui gouverne la Bithynie,

AFRIQUE.

Les *Califes du Caire* sont toujours maîtres de l'Egypte; ils redoutent les Turcs qui s'avancent jusqu'à l'isthme de Suez.

L'empire des *Miramolins* (califes Abassides et Fathimistes), fondé par la férocité, est soumis aux rois de *Maroc*, qui ont adopté leur culte en renversant leur trône.

DÉCOUVERTES, *Inventions et Fondations.*

1,000 — Découverte du Groënland par les Islandais.
1,026 — Invention de la musique à plusieurs parties, par Gui d'Arezzo.
1,042 — Institution de la fête des Morts, par Saint-Odilon.
1,048 — Léon IX adopte la tiare pour couronne papale.
1,066 — Guillaume-le-Conquérant établit le cadastre en Angleterre.
1,084 — Fondation de l'ordre des Chartreux, à 4 lieues de Grenoble, par St.-Bruno, natif de Cologne, et précepteur du pape Urbain II.
1,097 — Commencement de l'ordre de Citeaux.

FRANCE.

Troisième Race.

41ᵐᵉ Roi **LOUIS VI**, surnommé Léveillé, puis le Gros. marié, en 1,115, à Adelaïde, fille de Humbert, comte de Savoie.

1,108 — Louis VI avait été associé à la couronne par son père, Philippe I.ᵉʳ, dès l'an 1099. A la mort de ce prince, il fut sacré de nouveau à Orléans : il avait alors 30 ans. La France était partagée entre de grands vassaux, et le domaine du roi ne comprenait guère que Paris, Orléans, Etampes, Compiègne, Melun, Bourges, etc. Pour déraciner cet abus, Louis VI fit la guerre à plusieurs de ces vassaux, et principalement à Henri I.ᵉʳ, roi d'Angleterre, qui possédait de grands

ORIGINE de la rivalité de la France et de l'Angleterre.

1,110 biens en France : ce fut là l'origine de la sanglante rivalité entre les deux peuples, qui semble s'être un peu amortie aujourd'hui (1836.)

AFFRANCHISSEMENT des Communes.

1,112 Etablissement du régime municipal ou des communes. Par cet acte politique, Louis VI rendit aux rois de France l'autorité sur leurs vassaux, que les progrès de l'aristocratie et les justices seigneuriales lui avaient enlevée. Laôn fut la première ville de France qui jouit des institutions municipales.

ABÉLARD.

Le Dialecticien Abélard, nom fameux par le talent et le malheur, fut l'antagoniste de Saint-Norbert. Abélard naquit près de Nantes, en 1079 : ses doctrines furent condamnées au concile de Sens, en 1140; il mourut martyr et modèle de la discipline monacale, à Cluny, en 1142, et fut enterré au Paraclet, dont Héloïse était abbesse, et où elle reposa après sa mort, en 1163.

42ᵐᵉ Roi **LOUIS VII**, dit le Jeune, marié en 1137 à Eléonore, fille de Guillaume X, duc d'Aquitaine; puis à Constance d'Aragon; et en 3ᵐᵉ noces, à Alix de Champagne.

1,137 — Louis VII, associé à la couronne dès l'an 1131, succède à Louis VI, son père : il est sacré par In-
1,143 nocent II. Ce pape nomme un archevêque à Bourges. Louis VII s'étant opposé à cette élection, le pape l'excommunie.

1,144 Louis VII, pour se venger de Thibaut, comte de Champagne, met *Vitri-en-Pertois* à feu et à sang : 13,000 personnes périssent. Cet horrible évènement brise le cœur du roi qui se réconcilie à tout prix avec le pape. Devenu docile, Louis VII prend la croix, malgré Suger, abbé de Saint-Denis, son ministre et son précepteur.

Deuxième Croisade prêchée à Vézelay, par Saint-Bernard.

1,147 Louis VII part avec Eléonore et 80 mille hommes, laissant *Suger* régent du royaume. L'empereur Conrad III précède Louis VII. Alexis Comnène, empereur d'Orient, ne pouvant donner des vivres à 700,000 hommes, cherche à s'en débarrasser. Les Allemands sont défaits dans les défilés de l'Asie-Mineure ; les Français arrivent à Satalie, dans le golfe de Chypre : 200,000 chrétiens sont massacrés.

Dans cette triste expédition, la fière et violente Eléonore avait appris à mépriser son époux ; elle obtient le divorce : il est prononcé dans une assemblée

DIVORCE DU ROI.

1,152 tenue à Beaugency (Loiret), en 1152; et le midi de la France est encore isolé du nord. Deux mois après, à la Pentecôte, Eléonore épouse Henri Plantagenet, duc d'Anjou et de Normandie, petit-fils de Henri Iᵉʳ descendant de Guillaume-le-Conquérant; et elle lui porte la dot qu'avait restituée Louis VII, *la France occidentale, de Nantes aux Pyrénées.*

Le moyen-âge, au 12ᵉ siècle, se complait dans la solitude. Le sombre, le grave, le mystérieux, voilà ce qu'il recherche. Les forêts se peuplent d'Anachorètes qui demandent aux brises des lacs, aux harmonies sauvages des rochers, aux silences des vallées, aux ombres des hautes-futaies, un repos que le monde et les grandes villes leur ont refusé. L'architecture transporta ces solitudes dans les églises qui commençaient déjà à ne plus être enterrées.

Louis VII faisait trois carêmes par an, et guérissait les écrouelles. Les Troubadours répandaient le goût de la poésie, et étaient recherchés dans les cours.

43ᵐᵉ Roi **PHILIPPE II**, dit Auguste, fils d'Alix de Champagne.

1,180 — Louis VII fit sacrer son fils en 1179 : douze pairs de France, six laïcs, six ecclésiastiques assistèrent au sacre pour la première fois.

1,181 Philippe II bannit les Juifs et confisque leurs biens. Il extermine les Brabançons, brigands qui désolaient le royaume.

1,185 Mort de Baudouin IV, roi de Jérusalem ; Baudouin V, son neveu, lui succède. Il meurt l'année
1,186 suivante, et Guy-de-Lusignan, son successeur, marche contre *Saladin*, au mépris des traités.

GUY DE LUSIGNAN.

1,187 Saladin, irrité de ce manque de foi, défait Lusignan à la journée de *Tibériade*, et s'empare de Jérusalem. A cette nouvelle, le pape Urbain III meurt de chagrin à Ferrare; cependant Alep, Edesse, Damas et Antioche tombent au pouvoir des infidèles : les Chrétiens, menacés de toute part, appellent à leur secours. Philippe II, âgé de 18 ans, Richard I.ᵉʳ, roi d'Angleterre, et l'empereur Frédéric Barberousse partent pour la Terre-Sainte : près de 600 mille hommes inondent l'Asie. Frédéric est arrêté dans sa marche par les piéges que lui tend l'empereur *Isaac l'Ange* : il déjoue ses perfidies, remporte des victoires, et va mourir dans les eaux du Cydnus, où Alexandre-le-Grand se baigna tout couvert de sueur, l'an 333 av. J.-C. Les troupes de Frédéric se dispersent; Philippe II les rallie, bat les Sarrasins et est pris à Saint-Jean-d'Acre. Richard I.ᵉʳ le délivre et se brouille avec le roi de France, qui quitte la Palestine. Richard y demeure, fait des prodiges de valeur, et est à son tour retenu prisonnier en Allemagne par Henri VI.

SALADIN, vainqueur.

Troisième Croisade entreprise à l'instigation du pape Urbain III.

PHILIPPE II, à St-Jean-d'Acre.

RICHARD-CŒUR-DE-LION.

1,192 Philippe II envahit la Normandie pendant l'absence de Richard I.ᵉʳ Cœur-de-Lion. Réunion de l'Artois, que Philippe avait eu par son mariage avec Isabelle de Flandre, mère de Louis VIII.

BOURGOGNE.

HUGUES II, dit le Pacifique.

1,102 — Il relève Dijon qui avait été la proie des flammes, et s'arme contre l'empereur Henri V qui menaçait la Champagne : Hugues II était très-lié avec Saint-Bernard.

EUDES II.

1,142 — Il va au secours du duc Alphonse d'Aragon que les Sarrasins ont chassé de Lisbonne, et reprend cette capitale après un long siége. Il se trouve à Vézelay quand Saint-Bernard prêche la 2ᵉ Croisade.

HUGUES III.

1,162 — Il prend la croix en 1171. Au milieu d'une tempête, il fait vœu d'élever un temple à la Vierge. De retour, il fait construire à Dijon l'église de la Sainte-
1,187 Chapelle. Hugues III établit le droit de commune : Dijon est affranchi en 1187. Le duc voulait contrebalancer le pouvoir des seigneurs. Hugues part en 1190 avec Philippe-Auguste, et contribue à la prise de Saint-Jean-d'Acre : il meurt à Tyr, en 1192. Son corps, transporté en France, est déposé à l'abbaye de Citeaux. Sous ce règne, des bandits, nommés *Cottereaux, publicains*, sont tués ou brûlés près de Vézelay, en 1167.—Eudes III succède.

BANDITS-COTTEREAUX.

ANGLETERRE.

HENRI Iᵉʳ., Fils de Guillaume Iᵉʳ., surnommé Beau-Clerc.

1,100 — Robert-le-Croisé se repose en Italie, et Henri I.ᵉʳ s'empare du trône. Prudent et habile, Henri donne une charte qui règle son autorité, supprime quelques abus et maintient les lois de Saint-Edouard. Robert revient en Normandie, où il est emprisonné par Henri I.ᵉʳ jusqu'à sa mort.

ROBERT, prisonnier.

1,107 Henri se soumet au pape pascal II, et renonce à donner l'investiture.

Henri, pour s'attacher les Anglais, avait épousé une princesse Saxonne : il marie sa fille *Mathilde* ou *Mahaud*, déjà veuve de l'empereur Henri V, à Geoffroi *Plantagenet*, comte d'Anjou, pour le détacher de de l'alliance de son neveu Guillaume. Henri Ier, ferme et lettré, régna despotiquement : il empêcha qu'un légat n'entrât en Angleterre.

ETIENNE, petit-fils du conquérant et comte de Blois. 1,135 — Henri Ier meurt, laissant la couronne à Mathilde; mais Stéphen ou Etienne, s'empare du trône : il donne une charte plus large. Le comte de Glocester défend les droits de Mathilde, sa sœur naturelle, et fait Etienne prisonnier. Le primat couronne Mathilde : celle-ci, ne voulant pas accorder les libertés de la charte d'Henri Ier, est chassée; et son fils, Henri II, la remplace : il laisse régner Etienne qui meurt la même année.

Race des Plantagenets.

HENRI II, marié à Eléonore d'Aquitaine. 1,154 — Ce fut le plus puissant roi de l'Europe. Il reprit les villes et les châteaux qu'avait donnés Etienne, et démolit les fortifications. Il supprime les offrandes pécuniaires pour l'absolution des crimes que le clergé prélevait.

THOMAS BECKET. Henri II nomme archevêque Thomas Becket, son chancelier, qui a sa confiance. Celui-ci défend les droits du clergé. Le roi lutte. Thomas, accueilli par Louis VII, persévère dans ses principes. Rétabli sur son siége, cet archevêque anathématise les actes du roi. Ce prince, dans sa colère, laisse échapper ces mots : *Personne ne me delierera d'un prêtre audacieux et ingrat?* Aussitôt quatre chevaliers partent et assassinent le prélat sur l'autel même. Henri eut des regrets. Thomas fut canonisé, et le peuple accourut en pélerinage à son tombeau. Louis VII le visita en 1179.

Partage du Royaume. Henri partage ses états entre ses fils. *Henri le Jeune*, ou au Court-Mantel, s'arme contre son père, à l'instigation d'Eléonore : celle-ci fut enfermée. Henri
1,173
1,183 mourut 6 ans avant son père, qui, en 1172, s'était

Conquête de l'Irlande. emparé de l'Irlande, en vertu d'une bulle d'Adrien III : son 3me fils, Jean, en fut le premier vice-roi.

RICHARD Ier, Cœur-de-Lion, marié à Bérengère, fille de Sanche, roi de Navarre. 1,189 Richard Ier rend la liberté à sa mère Eléonore qui, Richard étant parti pour la Terre-Sainte, retourna en Angleterre. Jean-sans-Terre s'était emparé du pouvoir. Eléonore, âgée de 70 ans, vola auprès de l'empereur Henri VI, traita de la rançon de Richard qui revint en Angleterre. Ce roi passa sa vie à guerroyer : il avait la philanthropie de la féodalité; il
1,199 mourut au siége de Chalus, en Limousin.

ALLEMAGNE.

HENRI V, dernier empereur de la maison de Franconie. 1,106 — Il reçoit à Rome la couronne impér.le de Pascal II, qui renonce aux investitures (1112). La comtesse *Mathilde* meurt en 1115, et lègue ses domaines au St-Siége. Henri V chasse le pape de Rome, fait nommer l'anti-pape Grégoire VIII. Cependant, à la diète de Worms, en 1122, Henri V et Calixte II font un concordat : Henri renonce à l'investiture par la crosse et par l'anneau. Ce prince meurt en 1125.

LOTHAIRE II, de la maison de Souabe. 1,125 — Le pape Honorius II confirme son élection : de cette époque le peuple perdit ses droits; c'est l'origine du Collége électoral.

CONRAD III, de la maison de Souabe Hohenstauffen. 1,138 — A la mort de Lothaire, commencent les discordes des *Welfs* et des *Hohenstauffen*, ainsi que les querelles des *Guelfes* et des *Gibelins*, qui, d'Allemagne, passent en Italie. Les Hohenstauffen l'emportent et Conrad III est élu empereur. Etranger aux querelles de l'Italie qui se couvrait de républiques, Conrad meurt au retour d'une croisade en Palestine.

FRÉDÉRIC Ier, Barberousse, duc de Souabe. 1,152 — Ce prince veut dominer l'Allemagne et l'Italie, faire la contre-partie de Grégoire VII. Il brûle *Milan* où sa femme avait été promenée sur un âne. Une ligue se forme contre lui, et il est forcé d'accorder une paix avantageuse aux Lombards qui étaient divisés en petites républiques (de 1100 à 1277), époque où la longue domination des Visconti pèse sur le pays Lombard.) Frédéric Ier, démembre la Saxe et fait duc Bernard d'Ascanie; il érige l'*Autriche* en *Duché* indépendant; Othon de Witelsbaéh devient duc de Bavière. Frédéric
1,190 meurt à la croisade, dans le Cydnus.

HENRI VI, le Néron de l'Allemagne. 1,191 — Il est couronné à Rome : il rend à Henri-le-Lion le Brunswick et le Hanovre; à la mort de Tancrède, roi de Sicile (le bâtard de la famille royale), Henri VI, s'empare de Naples et de la Sicile, fait aveugler et mutiler le fils de Tancrède, Guillaume III, et massacrer ses partisans. Ce fut la fin du règne des

Les Tancrède detruits.

Fin du règne des Normands en Italie. 1,197 Normands dans ce pays. Henri VI mourut en Italie, âgé de 53 ans, au moment où il comptait humilier la puissance papale, et rendre la couronne d'Allemagne héréditaire dans sa famille. Son fils Frédéric, âgé de trois ans, fut couronné de son vivant.

SUÈDE.

ODIN, DIEU. — L'origine des Suédois est inconnue; l'existence du fameux Odin, ce dieu du Nord, n'est que fabuleuse.

BIORNE, Fondateur. Biorne, un de leurs premiers rois (9e s.), est regardé comme le fondateur de leur monarchie. Ce n'est que dans le 12e siècle que l'histoire de ce pays

ERIC, le Saint. 1,160 commence à présenter quelque certitude. Alors Eric fut élu par les Goths, et força les Finlandais à se faire baptiser. Eric fit élever des églises et des écoles. Vaincu par Maymo, roi de Norwège, Eric eut la tête tranchée.

PORTUGAL.

ALPHONSE VI, roi de Castille et de Léon. 1,139 — Alphonse VI demande du secours à Philippe I.er contre les Maures. Henri de Bourgogne et Raymond partent pour l'Espagne. Alphonse donne au I.er sa fille naturelle, Thérèse, en mariage, avec tout le pays qu'il pourrait conquérir, de Porto à la Guadiana; et au second (Raymond), sa fille Urraque. Henri défait les Sarrasins en 17 batailles, et donne au pays conquis le nom de Portugal (Porto, port, Callo, de calle.)

Alphonse HENRIQUEZ, roi de Portugal. 1,143 — Alphonse Henriquez, fils d'Henri, ayant vaincu 5 rois Maures à Ourique, est proclamé roi. Les Cortès assemblées à Lamégo, en 1143, sanctionnent cette élection, et décrètent la loi fondamentale du royaume.

CORTÈS DE LAMÉGO. 1,143 Lisbonne est choisie pour capitale.

ITALIE.

— La lutte entre les papes et les empereurs, pendant le 12e siècle, soulève les passions et réveille les idées d'indépendance. Après les républiques de Vénise, de Gènes et de Pise, les principales puissances

VILLES LIBRES. de l'Italie étaient le pape, le roi de Sicile et les villes libres de la Lombardie. Comme en France, *les com-*
1,115 *munes sont affranchies*. Florence et Lucques deviennent républiques. Le pape *Alexandre III*, ce zélé pro-

Guelfes et Gibelins. pagateur de la liberté italienne, soutient le parti des Guelfes contre les Gibelins : il se retire en France,
1,162 devant l'empereur Barberousse, qui prend Milan et la brûle, et soumet les communes Lombardes.
1,164 Alexandre III revient à Rome : une association se forme pour l'affranchissement de l'Italie; Alexandrie est bâtie en l'honneur du pape : Frédéric se retire; l'archevêque de Mayence veut occuper la Toscane et la Romagne au nom de l'empereur, mais il échoue
1,174 au siége d'Ancône. Cependant une trève est conclue
1,175 à Venise : le parti des Guelfes triomphe; mais les cités rivales, mais les nobles et les Plébéiens se font la guerre : Parme et Plaisance sont en républiques.

ORIENT.—EMPIRE GREC.

MANUEL COMNÈNE. 1,143 — Haï des Croisés, il est chéri des Grecs : il penche pour le Mahométisme.

ALEXIS II. 1,180 — Gendre de Louis VII, il est massacré par les ordres de son oncle Andronic.

ANDRONIC COMNÈNE. 1,183 — Livré à la fureur du peuple par Isaac, Andronic est massacré.

ISAAC-L'ANGE. 1,185 — Il n'eut que des vices. Richard I.er prend l'île de Chypre et la donne à Lusignan.

ALEXIS-L'ANGE. 1,195 — Il fit crêver les yeux à son frère qu'il retenait prisonnier.

ASIE.

GENGIS-KAN. 1,199 — Ce tartare renversa l'empire des Kowaresmiens qui avaient mis fin à la dynastie des Seldjoucides. Cet empire s'étendait de la Syrie au lac Aral.

EGYPTE.— AFRIQUE.

SALADIN, fils de Job ou Ayoubites. GUY DE LUSIGNAN. 1,147 — Ce sultan s'empare, sur les Fatimistes, de la Mésopotamie, de la Syrie et de l'Egypte : il prend Jérusalem et son roi Guy de Lusignan (1187.) Les femmes se jettent à ses pieds, Saladin pardonne aux habitants.

LE VIEUX de la Montagne, ou Prince des Ismaeliens fils d'Ali. 1,191 — Il fait assassiner Conrad, marquis de Monferrat, dans les rues de Tyr. Il tuait tous ceux qui lui déplaisaient : il mourut à 70 ans. Après 172 ans d'existence, l'ordre des assassins fut écrasé par l'invasion mongole.

DÉCOUVERTES, *Inventions et Fondations.*

1,100 — Ordre des hospitaliers de Malte. Raymond du Puy fut le I.er Grand-Maître, en 1121.
1,105 — Moulins à vent connus des Normands.
1,114 — St.-Bernard fonde la célèbre abbaye de Clairvaux, à 15 lieues S.-E. de Troyes.
1,118 — Ordre des Templiers fondé par Hugues de Payens.
1,120 — Ordre de Prémontrés par St-Norbert, dans le vallon de Prémontrés, cédé par l'évêque de Laon.
1,156 — Université de Paris fondée par Pierre Lombard.
1,158 — Découverte de la Livonie par des marchands de Brême.
1,165 — Oriflamme.— Eglise de Notre-Dame de Paris.
1,182 — Premières rues pavées à Paris, par Philippe II, qui fait clore la ville de murs.
1,190 — Ordre Teutonique institué par Frédéric Barberousse.
— L'origine des noms de famille remonte au 12e siècle. Devenant libres, les hommes cessèrent d'être désignés sous leurs noms de baptême et sous ceux de leurs seigneurs.

FRANCE.

Troisième Race.		
PHILIPPE AUGUSTE. Excommunication du Roi.	1,193	— Philippe II avait épousé en 2mes noces *Ingelburge*, fille de Valdemar Ier et sœur de Canut IV, rois de Danemarck : il la répudie, et le pape Innocent III lance l'interdit. Le roi chasse le clergé et enferme sa femme à Étampes (Seine-et-Oise).
	1,202	Excepté la Guyenne, toutes les provinces occupées par les Anglais sont conquises.
Quatrième Croisade.	1,202	La mort de Saladin et l'avènement d'Innocent III, pape plein d'ardeur et de génie, semblent ranimer la chrétienté. La mort de Henri VI rassure l'Europe alarmée de sa puissance. La 4me croisade, prêchée dans un tournoi, par *Foulques*, curé de Neuilly, fut populaire dans le Nord : on y comptait 4,500 chevaliers, 20,000 écuyers et 2,000 piétons. On y vit le comte de Champagne, seigneur suzerain de 1,800 fiefs, et avec lui, Geoffroi-Villehardouin, le 1.er historien de France en langue vulgaire ; le sire de Joinville qui fit l'histoire de Saint-Louis, et une multitude de seigneurs.
Le doge Dandolo. *Empire Latin.* BAUDOUIN.	1,204	Les *Vénitiens*, qui convoitaient Constantinople, fournirent 500 nobles commandés par le doge Dandolo, âgé de 80 ans et aveugle. Le marquis de Monferrat et des seigneurs italiens s'y rendirent aussi. Dandolo est le chef de l'expédition. Les Croisés prennent Zara en Dalmatie et toutes les villes de l'Istrie, pour leurs bons amis de Venise, qui ne veulent qu'une longue chaîne de comptoirs, qui leur assure toute la route de l'Orient : puis, ils s'emparent de Constantinople. Les empereurs ne pouvant régner, l'empire, réduit à un quart, est déféré à *Baudouin*, comte de Flandre, descendant de Charlemagne : le marquis de Montferrat se contente du royaume de *Macédoine*; la plus grande partie de l'empire est démembrée en fiefs : l'empire de Baudouin (la Mœsie et la Thrace) dura 58 ans.
RÉUNION des deux Églises. ALBIGEOIS. RAYMOND, Comte de Toulouse. SIMON DE MONTFORT.	1,208	Voilà la réunion des deux églises opérée; Innocent III est le seul chef spirituel du monde : l'Allemagne était hors de combats; Philippe II s'était soumis; mais les *Vaudois* résistent sur le Rhône, les *Manichéens* en Languedoc et aux Pyrénées : le Littoral de la France semble prêt à se détacher de l'église; c'est là qu'est le foyer de l'Hérésie : Alby, Béziers, Carcassonne, Toulouse, où s'est assemblé le grand Concile des Manichéens. Dès 1193, Innocent III avait envoyé deux légats pour convertir les hérétiques. Ces légats exhortaient *Raymond*, comte de Toulouse, et *Roger*, son neveu, comte de Béziers, à se soumettre au pape. Le légat *Castelnau* est assassiné dans une auberge sur les bords du Rhône. Le pape soulève une Croisade; Raymond VI s'amende, marche contre son neveu; 50 mille hommes prennent *Béziers* d'assaut et la livrent aux flammes; les habitants sont passés au fil de l'épée. Le seul embarras était de distinguer les hérétiques des bons chrétiens : *tuez-les tous*, dit l'abbé de Citeaux; *Dieu reconnaîtra les siens*. L'effroi fut si grand, que les habitants s'enfuirent dans les montagnes. Béziers, Carcassonne, Lavaur furent saccagés. Le chef de la croisade, Simon de Montfort, obtint le comté de Toulouse.
	1,210	Le concile de Paris condamne au feu la métaphysique d'Aristote, apportée par les Croisés.
BATAILLE DE BOUVINES.	1,214	Les barons français, les comtes de Flandre et de Boulogne, l'empereur Othon IV et Jean-sans-Terre, roi d'Angleterre, se liguent contre Philippe-Auguste : ils avaient 200,000 hommes contre 70,000. Les deux armées se rencontrent près du pont de Bouvines, à 2 lieues de Lille. La victoire du roi de France fut complète. L'évêque de Beauvais, crainte de répandre le sang, assommait les ennemis à coups de massue. Avant la bataille, Philippe avait fait déposer sur un autel portatif son sceptre et sa couronne, et les avait offerts à celui d'entre ses sujets qui, mieux que lui, saurait les défendre ; tous crièrent : *Vive le roi!*
	1,218	Simon de *Montfort* est tué d'une pierre lancée des murs de Toulouse ; son fils Amaury, investi du Languedoc, le cède au roi de France.
	1,223	Philippe II meurt à Mantes (Seine-et-Oise), après un règne de 43 ans. À ce roi remonte l'origine des troupes soldées : les sergents d'armes forment la première garde royale. Il y eut de nouvelles armoiries; l'assemblée des pairs fut inaugurée; la peine du Talion fut mise en vigueur; Notre-Dame fut construite, et Paris pavé; l'Anjou, la Touraine, le Poitou, la Normandie, l'Auvergne, l'Artois furent réunis à la couronne.
44me Roi **LOUIS** VIII, dit le Lion, marié en 1200, à Blanche, fille d'Alphonse IX, roi de Castille.	1,223	— Ce fut le Ier des Capets non associé à l'empire.
	1,226	Les *Albigeois* étaient livrés au fanatisme des Dominicains : on les brûlait partout. Louis VIII commande une 2me croisade; il extermine les hérétiques et meurt à Montpensier (Puy de Dome.)

Troisième Race		
		Par son testament, Louis VIII déclare son fils aîné roi, et les trois autres sont apanagés : la reine Blanche est régente pendant la minorité de Saint-Louis.
45me Roi **LOUIS** IX, ou St.-Louis, marié à Marguerite, fille aînée de Raymond II, comte de Provence, en 1255.	1,226	— Il est âgé de 12 ans. La reine-mère gouverne avec fermeté et sagesse pendant la minorité de son fils.
	1,242	Le comte de la Marche, soutenu par Henri III, roi d'Angleterre, dont il avait épousé la mère, est défait, avec les Anglais, à *Taillebourg* et à Saintes.
LA BOUSSOLE.	1,246	Voyage de Marco-Polo dans l'Inde, par ordre de Louis IX : il en rapporte la boussole.
Cinquième Croisade prêchée par le cardinal Eudes de Châteauroux.	1,248	Les Mongols avaient repris Jérusalem. Louis IX était malade, et sa mère ne voulait point qu'il partît; mais il n'écouta que la voix de la religion. Tout l'Orient était réconcilié, dit Michelet; « les princes mahométans, entre autres le vieux de la Montagne, avaient envoyé une ambassade suppliante au roi de France. L'empereur Latin de Constantinople, Baudouin II, qui n'avait plus pour se chauffer que les poutres de son palais, venait exposer à Saint-Louis son dénûment et sa misère. »
	1,249 1,252	Saint-Louis fait creuser le port d'Aigues-Mortes (Gard), où il s'embarque avec ses trois frères. Il arrive en Égypte; prend Damiette, le Caire, et est défait à Massoure, où périt le comte d'Artois. Louis rend Damiette pour sa Rançon; passe en Palestine, où il apprend la mort de sa mère, et revient en France.
		A cette époque remonte l'insurrection des *Pastoureaux*, habitants des campagnes, soulevés pour aller défendre le roi.
	1,264	Saint-Louis est choisi pour arbitre par Henri III, roi d'Angleterre, et ses barons, qui étaient en guerre depuis six ans.
Pragmatiq.-Sanction	1,268	Pragmatique-Sanction, ou Règlement qui assure les droits de l'église Gallicane contre la puissance de Rome.
		Création des maîtres de requêtes et de la Police.
	1,269	Mort d'Isabelle, sœur de Saint-Louis, à l'abbaye de Long-Champs (Seine), qu'elle avait fondée.
Sixième et dernière Croisade, prêchée par le pape Urbain IV.	1,270	L'armée française, à laquelle s'étaient réunis des Anglais, des Écossais, des Catalans, des Portugais, débarque à Tunis: Saint-Louis voulait soumettre les Sarrasins; le Bey lui avait promis, s'il venait avec des forces imposantes, de se faire chrétien. Le Bey manque à sa parole; la peste ravage l'armée française; Saint-Louis meurt sur la côte de Tunis, le 25 août 1270: il fut enterré à Saint-Denis, et canonisé en 1297, par le pape Boniface VIII. Tristan, fils du roi, meurt à Tunis, en 1,270. Alphonse de Provence, frère du roi, meurt à Sienne, en 1271.
46me Roi **PHILIPPE** III, dit le Hardi, marié en 1272, à Isabelle d'Aragon, puis, en 1274, à Marie de Brabant.	1,270	— Il est salué roi devant Tunis, à la mort de Louis IX, son père; revient en France et réunit le Poitou et la Touraine.
	1,274	Le comtat Venaisin est cédé au pape Boniface VIII.
VÊPRES Siciliennes.	1,282	Charles d'*Anjou*, frère de Saint-Louis, s'était emparé de la Sicile sur *Conradin*, de la maison impériale de Souabe, qu'il fit périr sur l'échafaud. Les Siciliens forment le dessein d'égorger les Français. *Jean de Procida*, gentil homme de Salerne, aidé par Pierre d'Arragon, gendre de Mainfroy, dépouillé par par Charles, est à la tête de la conspiration. Le 3e jour de pâques (1282), au son des Vêpres, on s'attroupe, on sonne le tocsin, on crie: *Meurent les tyrans!* Deux français sont épargnés, des *Porcelets* et *Scalambre*, à cause de leurs vertus: la petite ville de *Sperlinga* donna seule retraite à quelques fugitifs.
	1,285	Philippe III marche contre Pierre d'Aragon, investit ses états, prend Gironne et vient mourir à Perpignan.
47me Roi **PHILIPPE** IV, dit le Bel, fils de Philippe III et d'Isabelle d'Aragon, marié en 1284, à Jeanne, héritière et reine de Navarre.	1,285	— Son gouvernement se résume en un seul acte, la *Confiscation*.
	1,286	Edouard Ier. vend le Quercy à Philippe qui ne le paie pas : il prétexte aussi des insultes faites par des matelots Anglais aux Normands, pour confisquer la *Guyenne* (1293.)
	1,299	Philippe, craignant que le comte de Flandres ne donne sa fille en mariage à Edouard Ier., attire la jeune comtesse et la garde prisonnière dans la tour du Louvre: son père lui-même y est aussi retenu. Philippe alors prend possession de la Flandre. La reine Jeanne, se voyant effacée en parure par les marchandes de Bruges, dit, avec dépit : *Je n'aperçois ici que des Reines.*

BOURGOGNE.

EUDES III, Duc. 1,192 — Il part à la tête de la 4me. croisade, en 1202; et, de retour dans ses états, il se signale par de nouvelles libéralités envers le clergé. Le duc refuse, en 1215, la souveraineté du comté de Toulouse, qu'accepte Simon de Montfort.

1,218 Eudes meurt à Lyon, au moment où il se dispose à partir pour la Palestine : il avait affranchi les communes.

HUGUES IV, fils de Eudes III. 1,218 — Il s'oppose à ce qu'Innocent IV, pape chassé de Rome et de Gênes, soit reçu en France. Hugues est pris à Massoure avec St.-Louis. Sous ce règne, on voit, outre les *Pastoureaux*, la secte des *Flagellants* venus d'Italie en Bourgogne : ils marchent deux à deux en se fustigeant.

1,270 Hugues IV institue les grands baillages et meurt au retour d'un pélerinage à Saint-Jacques.

ROBERT II, fils de Hugues IV. 1,270 — Nommé Grand-Chambrier, il représente le roi à Rome dans ses débats avec Boniface VIII, et meurt en 1305.

ANGLETERRE.

JEAN-SANS-TERRE (Henri II ne lui avait pas donné d'apanage.) 1,199 — A la mort de Richard Ier., le roi légitime est Arthur, fils de Geoffroy, 3me fils d'Eléonore; mais cette princesse soutient les projets de son dernier fils, Jean (Sans-Terre), comte de Mortaing, contre Arthur, fils de Constance de Bretagne, défendu par Philippe-Auguste.

Jean est un roi pire que Richard Ier. : il a une mauvaise tête et point de cœur : on l'accuse d'avoir

Meurtre d'Arthur. 1,202 fait assassiner le jeune Arthur à Rouen, pour régner. Philippe II somme Jean de comparaître devant les Pairs de France, comme vassal; sur son refus, Philippe II confisque ses biens.

1,204 Eléonore prend le voile au monastère de Fontevrault, au milieu d'une forêt (Maine-et-Loire), où elle meurt à 81 ans : elle fut légère, méchante et impérieuse.

Grande Charte. 1,215 Les barons Anglais, indignés de la lâcheté et du despotisme de Jean, se révoltent contre lui, et le forcent à signer, à Runimède, près Windsor, cette charte, fondement de la liberté anglaise.

HENRI III, fils aîné de Jean. 1,216 — Ce roi viole la Grande Charte et la ratifie vingt fois : les barons l'insultent hautement; Simon de Montfort, fils du bourreau des Albigeois, comte de Leicester par sa mère, et beau-frère de Henri III, fait le roi et son fils Edouard prisonniers. Maître du royaume, de Montfort assure son pouvoir en favorisant les communes : il introduit au conseil commun, depuis le parlement, deux chevaliers choisis dans

SIMON DE MONTFORT fonde les communes. 1,265 chaque comté, et des députés envoyés par les villes et bourgs. Telle est l'origine de la chambre des Communes: on la doit à un Français.

Henri III meurt pendant que son fils Edouard est en Orient (1272.)

EDOUARD Ier., fils de Henri III, marié à Marguerite, sœur de Philip.-le-B. 1,272 — Edouard Ier est habile et prudent, mais ambitieux et inflexible jusqu'à la cruauté. Comme Philippe-le-Bel, il résiste au pape Boniface VIII; contient les grands, le clergé et les communes. Il s'empare du

CONQUÊTE du pays de Galles. 1,276 pays de Galles, fait pendre le prince de Léolyn et les Bardes qui défendent leur pays.

Le fils aîné du roi prend le titre de prince de Galles.

L'ÉCOSSE CONQUISE. 1,291 Edouard veut s'emparer de la couronne d'Ecosse, alors vacante : il reconnaît *Baliol* pour roi; celui-ci secoue le joug. Edouard conquiert l'Ecosse une seconde fois. *Wallace* se révolte et est nommé régent d'Ecosse: il porte la guerre en Angleterre ; mais, vaincu par Edouard, il se réfugie dans les montagnes.

ALLEMAGNE.

PHILIPPE Ier., Empereur. 1,197 — Henri avait été assassiné par sa femme Constance, princesse Normande, qui vengea ses parents égorgés ou emprisonnés par Henri. Philippe, duc de Souabe et de Toscane, fut élu empereur au préjudice de Frédéric, fils de Henri VI. Innocent III s'étant décidé en

OTHON IV, DE BRUNSWICK, fils de Henri VI, dit le Lion. 1,208 faveur d'Othon IV, Philippe fut assassiné. Othon fut ingrat envers le pape : il s'empara des domaines de l'Église en Italie; il fut excommunié et déposé. Othon, vaincu à Bouvines, mourut peu de temps après. Sous son règne, la Bohême fut érigée en royaume.

FRÉDÉRIC II, fils de Henri VI et d'une Italienne. 1,212 — Il succède à Othon IV qui, avant de mourir, s'était fait fustiger jusqu'au sang pour gagner la protection du Pape. Frédéric II est excommunié deux fois

1,220 par Grégoire IX, bien qu'il ait rendu des décrets sanguinaires contre les Hérétiques. Préférant l'Italie, son

Guelfes et Gibelins. 1,235 pays natal, Frédéric reste 15 ans absent de l'Allemagne. Il publie une loi sur la paix publique; défend les Gibelins contre les Guelfes soutenus par le Pape. Innocent IV le dépose publiquement dans un concile tenu

1,250 à Lyon : cet empereur meurt de chagrin.

CONRAD IV, fils de Frédéric II. 1,250 — Conrad IV succédait à un père qui était l'homme le plus extraordinaire de son siècle; écrivain distingué, il parlait toutes les langues connues de son temps, et avait porté 3 sceptres pendant 50 ans. Sous Conrad IV, le pape déclare la Sicile fief du St.-Siége, s'en empare

1,254 après l'avoir offerte à Charles d'Anjou. Manfred, bâtard de Frédéric, la reprend et la gouverne au nom de *Conradin*, dernier rejeton légitime de la famille de *Hohenstauffen*. Conrad se dispute avec Guillaume et meurt.

GUILLAUME de Hollande. 1,254 — Il règne peu de temps: mais pendant l'interrègne se forment, 1° la Hanse Teutonique (1251); 2° la Confédération du Rhin (1255.) *Conradin*, qui avait dis-

1,267 puté ses droits à Charles d'Anjou, périt sur l'échafaud; l'Allemagne alors élut empereur Rodolphe de Hapsbourg, d'origine Suisse.

RODOLPHE de la maison de Hapsbourg. 1,273 — Il s'empare de l'Autriche dont il donne l'investiture à ses fils Albert et Rodolphe : Albert devint la souche des princes de la maison d'Autriche, qui s'est

1,282 éteinte en 1740, dans la personne de Charles VI, père de Marie-Thérèse.

ESPAGNE.

ALPHONSE IX, dit le Bon. 1,195 — Il fit la guerre aux Maures; battu à Alcarnon, par les Maures, il les défit, à son tour, à Murandal : 200,000 périrent. Les tristes successeurs de ce prince

FERDINAND II. furent Henri Ier.; Ferdinand II, qui réunit les cou-

ALPHONSE X, dit le Sage. 1,274 ronnes de Léon et de Castille; Alphonse X, roi nul et habile astronome, auquel les Allemands, frappés de sa science, offraient la couronne, tandis que les Castillans, victimes de son incapacité, s'efforçaient de le déposer. La Navarre se lie à la France. Comme l'Allemagne, l'Espagne est en proie aux discordes civiles.

JACQUES Ier., Roi d'Aragon. 1,259 — Ce prince se battit contre les Maures et les chassa des îles Baléares qui restèrent à l'Espagne.

ITALIE

1,200 — Le treizième siècle se signale, dans l'Italie, par les querelles de l'Empereur Frédéric II avec les papes Innocent III, Honorius III, Grégoire IX et Innocent IV;

1,266 par le pouvoir de Charles d'Anjou à Naples, les Vêpres Siciliennes et le meurtre de Conradin.

— Les GÉNOIS, rivaux des Vénitiens, prennent de l'influence (1264). Le pouvoir souverain de Venise réside dans le Grand-Conseil qui, en 1174, avait enlevé à l'assemblée générale l'élection du doge :

1,298 en 1298, le doge Grédénigo restreint l'éligibilité aux familles des Sénateurs.

— MILAN, capitale d'un duché, appartint aux Hérules, aux Visigoths, aux Lombards (6e et 7e s.), ensuite à l'Allemagne. Frédéric Ier la fit brûler (12e s.); mais elle se rétablit bientôt, et le premier prince fut de la famille

LES TORRIANI, le Martin della Torre. LES VISCONTI. 1,257 des *Torriani*. En 1295, l'autorité passa entre les mains de Mathieu de *Visconti*, neveu de l'archevêque Othon. Cette famille régna jusqu'en 1447, que parurent les *Sforce*.

EMPIRE D'ORIENT.

MURSUFLE, Usurpateur. *Empire Latin.* *Empire Grec.* 1,204 — Cet empire est ravagé par les Croisés. L'empire Latin est fondé : Baudouin est le 1er empereur. Henri de Flandre lui succède en 1206; Pierre de Courtenay, en 1216; Robert de Courtenay, en 1219 : mais le

MICHEL PALÉOLOG. 1,261 nouvel empire Grec fut établi en 1261, par Michel, usurpateur du trône de Nicée, ravi à Jean Lascaris, son pupille : il chasse Baudouin II, ainsi que les Tartares.

ASIE.

GENGIS-KAN. 1,215 — Il fut le chef des Mongols, peuples pasteurs habitant le nord de la Chine. A la tête de 700,000 hommes, ce roi des rois s'empare du nord de la Chine, bat Ma-

1,226 homet, maître de la Syrie, de la Perse et de l'Arménie, et reçoit à Tonkat les hommages de 500 ambassadeurs.

MAMELUKS. 1,250 — Ils s'établissent en Egypte, où ils règnent jusqu'en 1517.

MONGOLS. 1,280 — Ils s'établissent en Chine, et s'y maintiennent jusqu'au 14e siècle.

OTTOMANS dans l'Anatolie. 1,300 — Les Seljoucides avaient pris à leur solde des peuples du Turquestan et avaient pour capitale Brussa ou Prussa : c'est d'Osman ou d'Ottoman que descendent les Turcs.

DÉCOUVERTES, *Inventions et Fondations.*

1,200 — Formation de la ligue Hanséatique ; villes libres pour le commerce. On a compté jusqu'à 80 villes Hanséatiques.

1,204 — Ecluses.

1,215 — Fondation de l'ordre des Dominicains, Frères-Prêcheurs, par Simon de Montfort, sous le pape Innocent III.

1,223 — Affranchissement des serfs, sous Louis VIII.

1,240 — Fondation de l'université de Bourges, par Louis IX.

1,250 — Fondation de la Sorbonne, par Robert Sorbon, confesseur du Roi.

1,255 — Etablissement de l'Inquisition, par Louis IX.

1,260 — Fondation de l'Hospice des Quinze-Vingts, par Saint-Louis, qui octroya 30 livres de rentes pour le potage.

1,272 — Premières lettres de noblesse en faveur de l'orfèvre Raoul.

1,285 — Fondation de l'université de Paris.

1,294 — Le moine Anglais, Roger Bacon, indique les usages des verres à foyer, et la propriété de la poudre à canon.

Troisième Race.

PHILIPPE IV.

FRANCE.

1,302 Les Flamands, poussés à bout par Châtillon, gouverneur, se révoltent : la chevalerie française les attaque à Courtray ; elle est vaincue, et les Flamands

Bataille des Eperons.

prennent 4.000 paires d'éperons dorés. 1,303 Le roi de France se réconcilie avec Edouard I.er, lui rend la Guyenne, et Isabelle de France épouse le jeune Edouard.

BONIFACE VIII, Pape.

1,303 Philippe IV lève des dîmes et attaque les biens du clergé. Boniface VIII institue l'évêché de Pamiers, sans la participation du roi qui fit brûler la bulle. Le roi assemble les États-Généraux (1302); Nogaret, procureur du roi, informe contre le pape : on obtient une sentence. Nogaret met la main sur le pape à Anagny; Colonna frappe Boniface de son gantelet de fer : le pape meurt de rage et de désespoir (1303.)

Première convocation des Etats-Généraux.

Flamands défaits.

1,304 Philippe IV bat les Flamands à Mons-en-Puelle, village à 5 lieues sud de Lille, et obtient la Flandre française.

Abolition de l'ordre des Templiers, par le pape Clément V.

1,305 C'est dans une forêt de la Saintonge, près de Saint-Jean-d'Angéli, que Philippe IV et le gascon Bertrand de Goth décident l'abolition de l'ordre des Templiers, dont Saint-Bernard avait dressé les statuts. Bertrand, alors archevêque de Bordeaux, promet au roi, et le roi le fait pape sous le nom de Clément V : il réside à Avignon. L'ordre est aboli dans un concile tenu à 1,312 Vienne (Isère), le 22 mars 1312. Les Templiers étaient riches; on voulait leurs biens. La procédure est atroce : les juges ecclésiastiques arrachent des aveux par la torture, et brûlent comme relaps ceux qui se rétractent. Le Grand-Maître, Jacques de *Molay*, brûlé à Paris, dans une île de la Seine, avec plus de 60 chevaliers, proteste de son innocence, et ajourne le roi et le pape à comparaître devant Dieu avant une année. La prédiction s'accomplit.

1,314 Sous le règne de Philippe-le-Bel, les duels sont défendus; le parlement est sédentaire à Paris; le collége de Navarre est fondé ; le droit de monnaie des seigneurs est restreint ; la Champagne et la Brie sont réunies à la couronne.

48me Roi **LOUIS X**, dit le Hutin (étourdi), fils de Philippe IV et de Jeanne, reine de Navarre.

1,314 — Louis X prend le titre de roi de *Navarre.*

1,315 Accusé de Péculat par Charles de Valois, oncle du roi, Enguerrand-de-Marigny est pendu aux fourches patibulaires de Montfaucon (Aisne), que cet intendant des finances avait fait dresser pour ses vassaux. Le chancelier Raoul de Presle subit le même sort : leurs biens furent confisqués.

Louis X avait épousé, en 1305, *Marguerite*, fille de Robert, duc de Bourgogne. Cette reine fut, à cause de ses désordres, enfermée au Château-Gaillard, (Eure), puis étranglée avec une serviette, en 1305, à l'âge de 26 ans, laissant *Jeanne*, sa fille, en bas âge.

1,316 Louis X rappelle, pour 12 ans, les Juifs bannis par son père. Il vend les offices de judicature, et force les serfs à se racheter.

49me Roi **PHILIPPE V**, dit le Long, fils de Philippe-le-B.

3me application de la loi Salique.

1,316 — A la mort de Louis X, le 5 juin 1316, sa seconde femme, *Clémence* de Hongrie, était enceinte. Douze pairs déclarent Philippe-le-Long, frère du roi, régent du royaume, si la reine accouche d'un fils; et roi, si elle accouche d'une fille. Clémence accouche d'un prince nommé *Jean* Ier. Né le 15 novembre 1316, et mort le 19 du même mois, le prince Jean ne doit pas être compté au nombre des rois. L'axiôme, *le roi ne meurt pas*, était inconnu de l'ancienne France; c'était alors le sacre qui faisait le roi, comme auparavant ç'avait été l'élévation sur le pavois.

Mais Marguerite de Bourgogne laissait une fille, *Jeanne*, dont on fait valoir les droits à la couronne : elle est exclue (1). Philippe V, au retour de son 1,317 sacre à Reims, le 9 janvier, convoque à Paris le clergé, la noblesse et la bourgeoisie (Etats-Généraux), et fait déclarer *qu'au royaume de France les femmes ne succèdent pas.*

1,319 Ordonnance portant qu'il n'y aura nul prélat au parlement.

Les Juifs, accusés d'avoir empoisonné les puits, sont expulsés de nouveau.

Philippe V avait épousé, en 1306, à Corbeil (S.-et-Oise), *Jeanne*, fille d'Othon, comte de Bourgogne, laquelle figura dans l'affaire scandaleuse de la reine Marguerite : elle fut reléguée dans le château fort de Dourdan (S.-et-Oise.) Au bout d'un an, le roi 1,321 se remit avec elle. Devenue veuve, Jeanne oublia son pardon en retombant dans les mêmes fautes.

4e application de la loi Salique.

Philippe V n'ayant laissé aucun enfant mâle, son frère Charles IV lui succède sans aucune opposition.

50me Roi **CHARLES IV**, dit le Bel, 3e. fils de Philippe IV, sacré le 21 fevrier, marié, en 1307, à Blanche, fille d'Othon IV, comte de Palatin de Bourgog.; en 1322, à Marie de Luxembourg, morte à Issoudun; en 1325, à Jeanne d'Evreux.

1,321 — Après avoir réformé les monnaies, Charles IV les altère de nouveau.

1,323 Le neveu du pape, Jean XXII. *Jourdain-de-l'Isle*, seigneur de Gascogne, est, à cause de ses atrocités, condamné par le parlement : il est pendu.

(1) C'était la 3e application de la loi Salique. La 1re avait eu lieu en 558, à la mort de Childebert Ier, roi de Paris, qui laissait deux filles; la 2me, en 567, à la mort de Charibert, roi de Paris, qui laissait également deux filles.

Troisième Race.

1,325 Plusieurs bâtards de la principale noblesse de Gascogne attaquent les châteaux et les villes du domaine de France. Le maréchal Briquebec taille en pièces les bâtards soutenus par Edouard II.

La conduite de la reine Blanche, à la tour de Nesle, fut des plus scandaleuses. Marguerite et Jeanne sont accusées de pareils désordres. Blanche fut enfermée au Château-Gaillard, et prit ensuite le voile à l'abbaye de Maubuisson (Seine-et-Oise), où elle mourut en 1326. Son amant et celui de Marguerite, Philippe et Gaulthier d'Aulnay, avaient été écorchés vifs à Pontoise, en 1314.

1,328 Charles IV érige la baronnie de *Bourbon* (Allier), en Duché-Pairie, en faveur de Louis I.er, fils aîné de Robert de France, 6me fils de Saint-Louis, dont descent Henri IV.

Charles IV meurt à Vincennes, le 1er février 1328.

2e BRANCHE DES CAPÉTIENS — VALOIS.

51me Roi **PHILIPPE VI**, de Valois, dit le Fortuné, marié en 1313, à Jeanne de Bourgogne; et en 1349, à Blanche d'Evreux.

5e Application de la loi Salique.

1,328 — Charles IV était mort sans enfant : son cousin, Philippe-de-Valois, fils de Charles et petit-fils de Philippe-le-Hardi, lui succède et est sacré à Reims, le 29 mai 1328. Il fait exclure du trône les filles de ses trois prédécesseurs, ainsi que la fille de Philippe-le-Bel, *Isabeau* et son fils Edouard III, roi d'Angleterre.

Philippe VI rend la *Navarre à Jeanne*, fille de Louis X, épouse de Philippe d'Evreux, qui prend le titre de roi.

1,328 Philippe VI gagne la bataille de Cassel (Nord), contre les Flamands. Edouard III fait hommage de la Guyenne.

1,336 Robert d'Artois, beau-frère de Philippe VI, exilé en Angleterre, excite Edouard III à attaquer la France.

Flamands soulevés.

1,340 Les Flamands, soulevés par le brasseur *Artevelle*, se joignent à Edouard III, sous la condition que ce prince portera le titre de roi de France. Les Anglais gagnent la bataille de l'Ecluse (Nord.) Edouard lève le siége de Tournay : une armée française défait les Flamands sous les ordres de Robert, près de Saint-Omer. Edouard envoie un cartel à Philippe VI qui accepte le défi, pourvu que le royaume de France ou celui d'Angleterre soit le prix du vainqueur. Ce projet n'est pas exécuté.

1,344 Des troubles s'élèvent en Bretagne entre les comtes de Montfort et de Blois. Plusieurs seigneurs, soupçonnés de trahison, sont exécutés à Paris, où le roi les avait attirés : *Olivier* de *Clisson* est du nombre. Sa tête, envoyée en Bretagne, est plantée sur une pique, à la porte de Rennes. Jeanne de Belleville, sa femme, fait jurer à ses deux fils de venger la mort de leur père. Ces enfants sont élevés à la cour d'Angleterre.

OLIVIER DE CLISSON, père, exécuté à Paris.

Bataille de Crécy.

1,346 Edouard III reprend les armes, envahit la Normandie et gagne la bataille de Crécy, où 30 mille Français périssent. Edouard pousse ses conquêtes en Picardie, assiége Calais, et, au bout de onze mois, s'en rend maître. On se sert, pour la première fois, du canon.

Usage du Canon.

Prise de Calais.

1,347 Calais doit être rasée : Eustache de Saint-Pierre et 4 de ses parents viennent, pieds nuds, la corde au cou, demander grâce. Edouard III est désarmé par la reine Philippine de Hainaut qui se jette aux pieds de son mari. Calais ne fut repris qu'en 1588, par le duc de Guise.

Cession du Dauphiné.

1,350 Philippe VI meurt de chagrin et haï de ses sujets.

Sous ce règne, le Dauphiné est cédé à la France par Humbert II, à condition que le prince royal porterait le nom de Dauphin (1349); Jeanne I.er, reine de Naples, vend Avignon au pape Clément IV (Pierre Rogier, 1348); origine de la gabelle ou impôt sur le sel, qui valut à Philippe le surnom de *Salique*. Le roi seul fait battre monnaie. Peste générale.

Avignon au pape.

53me Roi **JEAN** dit le bon, marié en 1332, à Bonne de Luxembourg en 1349, à Jeanne de Boulogne.

1,350 —Jean succède à son père le 22 août, âgé de 40 ans.

Imprudent, emporté, cruel, il est détesté. On exécute, sans forme de procès, le connétable Raoul, comte d'Eu, soupçonné d'intelligence avec les Anglais : Jean se fait un ennemi mortel de son gendre, *Charles-le-Mauvais*, roi de Navarre.

1,356 Bataille de *Poitiers*, près de Maupertuis, gagnée par le prince Noir : le roi Jean y est fait prisonnier.

On refuse l'impôt : convocation des Etats-Généraux.

Le Dauphin (depuis Charles V), gouverne en qualité de lieutenant-général.

1,358 *Marcel*, prévôt des marchands, dirige l'insurrection contre le Dauphin. Commencement de la *Jacquerie*, ou organisation armée du peuple contre la noblesse. Un désordre affreux règne dans la capitale : Charles-le-Mauvais sort de prison, se joint aux séditieux et est bien reçu. Le Dauphin vient à bout de tout par sa sagesse.

Traité de Brétigny, près de Chartres.

1,360 — Il est conclu avec l'Angleterre : Calais, toute l'Aquitaine, 3 millions d'écus d'or pour la rançon de Jean, sont accordés : Le Dauphin jure, et paye.

1,364 — Jean meurt à Londres, où il était retourné après l'évasion du duc d'Anjou, son fils, laissé en otage aux Anglais, lors du traité de *Brétigny*, par lequel le roi avait recouvré sa liberté.

53me Roi **CHARLES V** dit le sage, 1er Dauphin, marié en 1349, à Jeanne de Bourbon.

1,364 — C'était un jeune homme de 27 ans, maladif, peu guerrier, mais grand clerc : il assoupit la France qui ne demandait pas mieux. Il se lie étroitement avec son frère Philippe, tige de la maison de Bourgogne.

1,366 Les grandes compagnies, soldats bretons mercenaires, sont emmenées en Espagne par Duguesclin.

1,366 qui met sur le trône de Pierre-le-Cruel son frère bâtard, Henri de Transtamare, qui devint le plus fidèle allié des Français contre l'ennemi commun.

1,380 Mort du Connétable Duguesclin. Charles V meurt quelque temps après. Sous ce règne, la majorité des rois est fixée à 14 ans (1374.)

55me Roi CHARLES VI, le Bien-aimé, marié à Amiens, en 1385, à Isabeau, fille d'Etienne II, duc de Bavière.

1,380 — Il avait 12 ans : le duc d'Anjou fut régent : il pillait la France pour acheter l'Italie; delà le soulèvement des Maillotins à Paris. Charles VI devint fou.

1,382 Les Gantois, révoltés au nombre de 30,000 conduits par P. *Arteveld*, sont battus à Rosbec, par Ol. de Clisson.

BOURGOGNE.

HUGUES V, Roi titulaire de Thessalonique.

1,309 — Il fut en butte aux tracasseries du haut clergé, mais il évita de se mêler aux querelles de ses voisins, et mourut jeune (1315), avant la célébration de son mariage avec Jeanne de Poitiers.

EUDES IV, frère du précédent.

1,315 — On doit à ce prince l'institution des appels comme d'abus, qui mit un terme aux usurpations du clergé. A la mort de Eudes, en 1349, il y eut des ouragans terribles et une épidémie effroyable : la Bourgogne n'offrait plus qu'une vaste et hideuse solitude; la mort enleva les 19/20 de la population.

PHILIPPE de Rouvre, 12me et dernier duc de la première race Capétienne.

1,349 — Il n'avait que 5 ans : sa mère, Jeanne de Bourgogne, fut régente. Elle épousa Jean II, qui fit déclarer que cette propriété ducale lui était dévolue. A son retour de Londres, Jean en prit possession, et prêta serment de conserver les lois et coutumes du pays. Philippe mourut à 16 ans, d'une chûte de cheval.

PHILIP.-LE-HARDI, premier duc de la 2me race Capétienne, branche de Valois, 4e fils du roi Jean.

1,363 La Bourgogne est le seul pays de l'Europe, qui, depuis le 5e siècle, ait conservé son gouvernement municipal. Philippe se distingua à la bataille de Poitiers, ce qui lui valut le surnom de Hardi. Il combattit la Jacquerie, dont le chef était Bailli, paysan Champenois. Philippe eut pour fils le comte de Nevers.

1,382

ANGLETERRE.

EDOUARD II, marié à Isabelle, fille de Philippe-le-Bel.

1,307 — Le droit de pétition est laissé aux communes, et le parlement s'empare de l'autorité législative.

1,309 Robert Bruce se relève en Ecosse; et le lâche et débauché Edouard II laisse gouverner son favori *Gaveston*, gascon, que les barons font décapiter. A ce favori succède *Spencer*, qui bat les barons, et fait mettre à mort Lancastre, I.er prince du sang. La

1,326 reine, Isabelle de France, de retour avec son amant Mortimer, fait pendre les favoris et les ministres, et déposer le roi comme incapable. Au moment où le peuple se déclara pour le roi, celui-ci, renfermé au château de Kénilworth, est assassiné par les ordres de la reine : Gurnay lui enfonce, à travers une corne, un fer rouge dans les entrailles, par le fondement.

EDOUARD III.

1,327 — Un conseil de régence se forme sous l'influence de Mortimer. A 18 ans, Edouard III veut régner : il fait pendre Mortimer et renfermer sa mère Isabelle dans le château de Readings, et lui donne pour geôlier son ancien page Mautravers, l'un des bourraux d'Edouard II.

1,376 Mort du prince de Galles (le pr. Noir), fils d'Edouard III.

RICHARD II, fils du prince Noir, marié à Isabelle de France.

1,377 — Richard II était mineur : un conseil, présidé par le duc de Lancastre, est établi. Le démocratique

1,381 et religieux Wiclef soulève les paysans; Londres est envahi par cent mille mécontents : ils sont châtiés.

1,389 Henri, fils du duc de Lancastre, est dépossédé de son héritage par le roi, son ennemi. Un parti se forme; le duc d'York s'y joint : on arrête le roi; on le dépose comme ayant régné arbitrairement : il est assassiné. Henri de Lancastre, descendant de Jean, 3e fils d'Edouard III, se fait proclamer roi, au préjudice de la maison d'York qui descendait de Lionel, fille du duc de Clarence, 2e fils d'Edouard III.

Maisons d'Yorck et de Lancastre.

HENRI IV, premier de la maison de Lancastre.

1,399

ALLEMAGNE.

ADOLPHE DE NASSAU, frère de l'empereur Conrad Ier.

1,292 — Il fut préféré à Albert, fils de Rodolphe dont le caractère hautain déplaisait. Adolphe est déposé et meurt, dans un combat, de la main de son rival.

ALBERT I.er de Habsbourg.

1,298 — Ce desposte, contre lequel se sont soulevés les Suisses (Guillaume Tell), meurt assassiné par son neveu, Jean de Souabe.

HENRI VII de Luxembourg.

1,308 — Il fait élire son fils Jean, roi de Bohême. Henri VII avait épousé la sœur de Venceslas V : Henri prit parti pour les Gibelins contre les Guelfes. Il mourut empoisonné par un moine.

LOUIS de Bavière.

1,314 — Il confère l'électorat de Brandebourg à son fils aîné; lutte contre le pape Jean XXII et contre Robert, roi de Naples : il mourut subitement.

CHARLES IV de Luxembourg, petit-fils de Henri VII.

1,347 — A force de concessions il parvient à l'empire. Il donne la constitution appelée *Bulle d'or* (de Bulla, sceau), que l'on conserve à Francfort. Cette Bulle

1,356 règle tout ce qui concerne l'élection du roi des Romains.

VENCESLAS de Luxembourg.

1,378 — Il divise l'Allemagne en cercles. Ayant mécontenté le clergé et les princes, il est déposé : il se retire

1,400 dans son royaume de Bohême.

ESPAGNE.

PIERRE-LE-CRUEL, roi de Castille, né à Burgos.

1,350 — Il succède à son père Alphonse II, et fut célèbre par ses cruautés. Il fait mourir Blanche de Bourbon, son épouse; Frédéric, son frère, et Don Juan, son cousin. Henri de Transtamare, son frère naturel, le détrône, aidé de Duguesclin.

PIERRE IV, le Cruel, roi d'Arag.

1,336 — Il succède à son père, Alphonse VI : il ne fut pas aimé : il battit les Maures.

PORTUGAL.

PIERRE Ier, fils d'Alphonse IV, né à Coïmbre.

1,357 — Il avait épousé *Inès de Castro*, malgré son père : elle fut assassinée par des seigneurs. Pierre la fit exhumer et força les assassins à lui rendre hommage : il les fit périr ensuite. Pierre I.er mourut regretté.

Maison d'Avis. JEAN Ier, dit le Grand, roi.

1,383 — Don Juan, grand maître de l'odre Davis, après l'extinction de la famille Henriquez dans la personne de Ferdinand, fils et successeur de Don Pédre, monte sur le trône de Portugal : les états de Coïmbre le nomment roi.

ITALIE.

VENISE.

1,310 — Tiépolo et ses partisans veulent rétablir l'ancien gouvernement : on institue le sévère tribunal *des Dix*, sanglant appui des nobles.

1,339 — Commencement des Doges de Gènes, république déjà puissante.

JEANNE Ire, de Naples, fille de Robert.

1,348 — Comme *Jeanne* de Naples était sans enfant, elle adopta Charles *Durazzo*, puis Louis I.er, frère de Charles V, de la 2e maison d'Anjou : Louis fit mourir Jeanne qui avait vendu Avignon au pape (1348.)

1,348 — Clément V avait transféré le siége papal à Avignon (1308) : Rome était tombée dans l'anarchie. Henri VII, secondé des Colonnes, établit un gouverneur à Rome; Louis de Bavière lui succéda :

RIENZI, chef d'une république.

1,348 des troubles survinrent; Nicolas *Rienzi*, tribun éloquent, fut nommé chef; il déclara tous les Italiens libres; mais il fut assassiné par les Colonnes.

Schisme d'Occid.

1,377 — Grégoire XI, dernier des papes français, rétablit le siége à Rome. A sa mort on élit deux papes : Urbain VI qui réside à Rome, et Clément VII qui se fixe à Avignon : cette division fait naître le grand schisme d'Occident. L'Angleterre et l'Allemagne se décident pour Urbain, la France reconnaît Clément VII.

POLOGNE.

JAGELLON, duc de Lithuanie.

1,372 — Edwige, de la maison de Piast, épouse Jagellon, et cette famille règne en Pologne. La Lithuanie se fait chrétienne (1386.)

SUISSE.

GUILLAUME TELL. Confédération Helvétique.

1,308 — Sous sa conduite, les Suisses se soulèvent contre les gouverneurs de l'empereur Albert I.er et forment une confédération de trois cantons d'abord.

ECOSSE.

1,371 — *David Bruce*, fils du grand Robert, fut retenu en Angleterre par son beau-frère Edouard III qui battit les Ecossais. Son neveu, *Robert II*, fils de Gauthier-Stuart, grand sénéchal, et de Marguerite Bruce, lui succéda. Cette famille régna jusqu'en 1603, où ce royaume fut réuni à l'Angleterre, à la mort d'Elisabeth, par l'avènt. de Jacques VI, fils de Marie Stuart.

SUÈDE.

MARGUERITE de Valdemar.

1,397 — Cette princesse, surnommée la Sémiramis du Nord, descendait des rois Danois : elle épousa Haquin, roi de Norvège. Elle réunit sur sa tête les trois couronnes du Nord, à l'assemblée tenue à Colmar.

EMPIRE D'ORIENT.—(GRECS.)

ANDRONIC-PALÉOLO.

1,282 =Il succède à son père Michel. Ce règne est désastreux.

ANDRONIC III.

1,332 — Sous ce règne, les Turcs font des progrès.

JEAN PALÉOLOG. Ier.

1,341 — Il succède à son père Andronic, sous la régence de Cantacuzène, homme habile et prudent, qui se retira dans un cloître en 1355 : on lui dut l'entrée

1,361 des Turcs en Europe, conduits par Amurat Ier.

MANUEL II, fils de Jean.

1,391 — Ce fut sous ce prince que le sultan Bajazet l'Éclair extermina les chrétiens venus au secours de Sigismond, roi de Hongrie, dans les champs de Nicopolis. 1396, la noblesse française est écrasée.

ASIE.

Chevaliers de Rhodes.

1,310 — Ces chevaliers s'emparent de l'île de Rhodes sur les Turcs : leur grand maître, Foulques de Villaret, s'y établit : l'ordre porta le nom de Rhodes jusqu'en 1530 qu'il prit celui de Malte, île où les chevaliers s'établirent.

TAMERLAN, dans l'Inde et la Perse.

1,336 — Ce roi des Mongols, descendant de Gengis-Kan, soumet l'Inde, la Perse, l'Arménie, s'avance jusqu'en Russie; défait Bajazet à Ancyre; le met dans une cage de fer et prend ses états. Tamerlan meurt; son p.-fils Babour fonda le royaume du Mogol dans l'Inde.

DÉCOUVERTES, *Inventions et Fondations.*

1,302 — La boussole et le compas de marine perfectionnés par le Napolitain Flavio Gioa.— Papiers-Linge.
1,306
1,324 — Etablissement des jeux Floraux par Clémence Isaure, à Toulouse.
1,325 — Fabrication des glaces souflées de Venise.
1,330 — Invention des cartes à jouer, par Nicolas Pépin, Espagnol.
1,330 — *Mœurs*, né à Paris, invente les notes de musique.
1.338 — Armes à feu.
1,340 — Poudre à canon découverte par Bertold Schwartz.
1,345 — Iles Canaries découvertes par les Génois.
1,350 — Création de l'ordre de la Jarretière, par Edouard III.
1,360 — Bibliothèque royale composée de 900 volumes.
1,360 — Eau-de-vie; épingles.
1,370 — Aubriot, prévôt de Paris, pose les fondements de la Bastille.
1,372 — Invention des bombes.
1,375 — La noblesse conférée à tous les habitans de Paris.
1,380 — Armoiries de France reduites à 3 fleurs de lis.
1,389 — 1re Oraison funèbre prononcée en faveur de Duguesclin.
1,390 — Confesseurs accordés pour la 1re fois aux criminels.

FRANCE.

Troisième Race.
Valois.
CHARLES VI.

1,400 — Le duc d'Orléans, frère du roi, profite de la démence de Charles VI; il force le trésor public, met des impôts, et va même jusqu'à partager avec des faux-monnayeurs.

Assassinat du duc d'Orléans. 1,404 Jean-sans-Peur veut reprendre Calais : le duc d'Orléans retient l'argent, et l'expédition manque (1406.) Jean s'en venge : des hommes d'armes fondent sur le duc et le hachent en morceaux, rue Barbette, à Paris (1407.)

Excès des Armagnacs. Le jeune duc d'Orléans s'unit à son beau-père, le comte d'Armagnac, pour venger la mort de son père. Les Bourguignons et les Armagnacs se signalent par leurs excès : ces derniers prennent la revanche de la guerre des Albigeois.

1,410 Faction des Armagnacs (Bourguignons et Orléanais réunis.) Les Cabochiens ou Bouchers, conduits par Caboche, exercent dans Paris toutes sortes de cruautés au nom du duc de Bourg.

HENRI V, d'Angleterre. 1,415 Henri V, roi d'Angleterre, malgré la trève de 28 ans, débarque en Normandie, prend Harfleur, passe la Somme et se retire vers Calais : le connétable d'Albret fait une faute et perd la bataille d'Azincourt (Pas-de-Calais.)

Bataille d'Azincourt.

Isabeau de Bavière. 1,418 La reine Isabeau de Bavière se ligue avec le 3e Dauphin (depuis Charles VII), contre l'état. Ce prince s'empare de Paris. L'Anglais repasse la mer et conquiert la Normandie.

JEAN-SANS-PEUR est assassiné. 1,419 Entrevue du duc de Bourgogne et de Charles, Dauphin, sur le pont de Montereau : ils veulent abaisser Henri V trop puissant. Jean-sans-Peur est poignardé par *Tanegui-Duchâtel*. Alors Isabeau et le nouveau duc de Bourgogne, Philippe-le-Bon, s'unissent à Henri V contre le Dauphin.

Traité de Troyes. 1,420 Par ce traité, Catherine de France devait épouser Henri V qui serait roi de France à la mort de Charles VI. Henri V prit dès-lors le titre de régent et d'héritier de la couronne.

1,422 Henri V meurt à Vincennes; le duc de Bedfort est régent. Charles VI meurt aussi. Henri VI d'Angleterre est proclamé roi à Paris et à Londres : mais Charles VII le chasse de la France, et Edouard IV, de l'Angleterre.

56me Roi
CHARLES VII, dit le Victorieux, marié à Marie d'Anjou, fille de Louis II, roi de Naples, en 1422.

1,422 — Il n'est pas reconnu roi dans la plupart des provinces : Les Anglais, unis aux ducs de Bourgogne et de Bretagne, lui font la guerre. On appelle Charles VII roi de Bourges par dérision : cette ville était sa capitale.

1,423 Bataille de Crévant, près d'Auxerre, gagnée par les Anglais : Le duc de Bedfort gagne la bataille de Verneuil.

Siége d'Orléans. 1,429 Orléans est investi par les Anglais : les généraux de Charles VII essaient d'y introduire des vivres : ils sont défaits à l'ignoble bataille des Harengs. La misère, le brigandage étaient partout : des cadavres étaient accrochés aux branches des arbres : une femme grosse fut dévorée par des loups. Au sein de ces calamités, une jeune fille de *Greux* (née en 1410), vers Domrémi, en Lorraine, frappée d'une subite allucination, se présente à Charles VII qui tenait sa cour à Chinon, et s'offre de délivrer Orléans. Le roi donnait des fêtes et perdait, comme disait *Lahire*, son ministre, son royaume fort gaîment. Cependant, excité par sa maîtresse *Agnès-Sorel* (née à Fromenteau, en 1406), Charles VII écoute *Jeanne-d'Arc ou du Lys*, qui se fait respecter de cette cour corrompue et moqueuse : l'héroïne, le drapeau de J.-C. à la main, entre dans Orléans aux chants des prêtres;

Jeanne d'Arc.

1,429 chasse les Anglais qui lèvent le siége (8 mai), enlève Beaugency, fait prisonniers Suffolck et Talbot, et conduit le roi, à travers toute la France anglaise, à Reims où il est sacré le 17 juillet 1429. Par ordonnance du mois de décembre 1429, Jeanne-d'Arc fut anoblie : sa famille prit le nom de *du Lys* : elle s'est éteinte en 1760.

1,431 Jeanne-d'Arc est prise à Compiègne, vendue aux Anglais par Jean de Ligny, duc de Luxembourg, livrée comme sorcière aux tribunaux ecclésiastiques, condamnée à mort comme relapse, et brûlée à Rouen, sur la place publique, le 30 mars 1431. Sa mémoire fut réhabilitée en 1454.

1,431 Henri VI d'Angleterre est couronné roi de France à Paris.

1,435 Isabeau et le régent Bedfort meurent. Le duc de Bourgogne fait la paix avec Charles VII : les grands sont déliés de leurs serments envers le roi d'Angleterre.

1,436 Le Connétable de Richemond enlève Paris aux Anglais, et Charles VII rétablit l'ordre dans son royaume.

Premier traité avec les Suisses. 1,453 1.er Traité de la France avec les Suisses : ils sont soldés.

1,457 Le Dauphin (depuis Louis XI), s'était exilé à la cour de Bourgogne; le duc d'Alençon, prince du sang, conspire avec les Anglais : il est condamné à mort.

1,461 Charles VII, dans la crainte d'être empoisonné par Louis XI, se laisse mourir de faim au château de Méhun-sur-Yèvre, en Berri, à l'âge de 58 ans.

Pragmatiq.-Sanction. Charles VII établit des parlements parmanents, et sanctionna la pragmatique-sanction : on a dit de lui, qu'il n'avait été que le témoin des merveilles de son siècle.

JACQUES-CŒUR. Dunois, Lahire, Saintrailles, Arthur de Bretagne, comte de Richemond, Bargazan, Lafayette servent le roi de leur épée; Jacques-Cœur, célèbre négociant de Bourges, le servit de sa bourse, et fut condamné à mort en 1456.

57me Roi
LOUIS XI, surnommé très-Chr., marié à Marguerite d'Ecosse, morte en 1444, puis à Charlotte de Savoie, fille du duc Louis II.

1,461 — Ce roi obtient du pape Pie II l'abolition de la pragmatique-sanction. Le vaste réseau de la féodalité, dont est chef le duc de Bourgogne, s'étend sur la France partout ravagée.

1,464 Ligue du bien public formée par les Grands que le roi voulait soumettre. Siége de Paris.

Traité de Conflans. 1,465 Charles-le-Téméraire, duc de Bourgogne, se ligue avec les ducs de Berri, de Bourbon et de Bretagne contre Louis XI dont les injustices étaient révoltantes. Bataille de Montlhéri, suivie du traité honteux de Conflans qui met fin à la guerre du bien public : Louis, faux et perfide, gagnait beaucoup en négociation.

Révolte des Liégeois. 1,468 Louis XI excite une révolte à Liége (Belgique) : l'évêque, Louis de Bourbon-Busset, est prisonnier; l'archidiacre est massacré. Le roi voulant apaiser Charles-le-Téméraire, furieux, va le trouver à Peronne : le duc tient le roi 3 jours enfermé dans la tour du château. Louis XI, pris, fait des concessions : il marche contre les Liégeois; rentre dans ses états, et n'exécute rien de ce qu'il avait promis.

1,472 Le duc de Guyenne, frère de Louis XI, et la dame Mousereau, sont empoisonnés par une pêche que leur donne un moine. Le roi, accusé, établit l'Angelus. Il étouffe la procédure commencée contre le moine, en répandant le bruit que le diable l'avait étranglé dans sa prison.

Jeanne Hachette. 1,474 Charles-le-Téméraire met la Picardie à feu et à sang; il échoue devant Beauvais, où les femmes, conduites par Jeanne Hachette, aident la garnison à le repousser.

1,476 Jacques d'Armagnac, duc de Nemours, convaincu du crime de lèse majesté, a la tête tranchée : Louis XI fait placer les enfants de ce malheureux sous l'échafaud pour qu'ils reçoivent le sang de leur père.

1,483 Louis XI meurt au Plessis-les-Tours, et est enterré à Notre-Dame de Cléri (Loiret). Despote autant que superstitieux, ce prince fit périr plus de 4,000 personnes : cependant il a rendu des services à la France, en affermissant l'autorité royale. Louis XI disait : *tout mon conseil est dans ma tête*, et répétait souvent cette maxime de Tibère : *qui ne sait pas dissimuler ne sait pas régner*.

Le pape Paul II accorde, en 1469, le titre de roi très-Chrétien à Louis XI.

Les ministres de Louis XI étaient des hommes du peuple, qui n'avaient rien à perdre en considération. *Tristan-Lermite*, qu'il nommait son compère, était son grand-prévôt; *Olivier-le-Dain*, ou le Diable, son barbier et son ministre (il fut pendu en 1484); *Angelo de Catho* était son astrologue. Le roi fit renfermer, onze ans, dans le château de Loches, le cardinal de la Balue, homme de bas étage.

58me Roi
CHARLES VIII, fils de Louis XI, marié à Anne de Bretagne, le 13 décemb. 1491.

1,483 — Il avait 13 ans : sa sœur, Anne de France, est régente.

1,494 Charles VIII passe en Italie. L'empereur, le pape Alexandre VI, les rois d'Angleterre, d'Aragon, le duc de Milan et les Vénitiens se liguent contre lui : il gagne contre eux la bataille de *Fornoue*, et entre dans Rome à la lueur des flambeaux : le pape capitule et livre *Zizime*, sœur de Bajazet, empereur des Turcs.

Abandon de l'Italie. 1,495 Charles VIII entre victorieux dans Naples avec les ornements impériaux : mais les confédérés s'étant ligués à Venise, forcèrent le roi à abandonner l'Italie, malgré les victoires de Novarre et de Séminare.

1,496 Etablissement des Cent-Suisses et des Lansquenets.

1,498 Charles VIII meurt à 27 ans, au château d'Amboise, laissant le duc d'Orléans (Louis XII), pour successeur.

BOURGOGNE.

JEAN-SANS-PEUR succéda à 31 ans, à son père Philippe-le Hardi, et mourut assassiné.

1,404 — Il avait reçu en dot de Marguerite de Bavière, sa femme, les comtés de Hainaut, de Hollande et de Zélande. Il paya les dettes de son père dont les créanciers avaient vendu publiquement les meubles. Il était neveu du roi. Le duc d'Orléans, frère de Charles VI, ayant attaqué publiquement l'honneur de la duchesse de Bourgogne, Jean-sans-

1,407 Peur s'en vengea par l'assassinat du duc d'Orléans, commis par d'Ocqueton-Ville et quatre autres.

PHILIPPE-LE-BON, né à Dijon, en 1396.

1,419 — Il fut en guerre avec Charles VII, qui, pour se réconcilier, consentit au traité humiliant d'Arras, en 1345 (*Voir la France.*) Philippe accueillit le Dauphin (Louis XI), ce qui faisait dire à Charles VII : le duc de Bourgogne nourrit un renard qui mangera ses poules. Philippe, qui se faisait appeler duc des Bons Vins, mourut à Bruges, en 1467. Ce fut ce prince riche et brillant, mais qui se moquait des titres fastueux, qui donna le premier exemple des perruques.

CHARLES-LE-TÉMÉR., dernier duc de Bourgogne, et fils de Philippe-le-Bon.

1,467 — Ce prince ne rêvait que conquêtes, jouait parfaitement aux échecs et tirait habilement de l'arc. Il eut de grands démêlés avec Louis XI (*voir la France.*) Il s'empara de Nancy, en 1445; franchit le Jura et vint assiéger Grandson où il fut défait par 20,000 Suisses qui prirent un butin immense.

Charles veut venger cette défaite; les états déclarent cette guerre injuste; nous n'accordons ni hommes ni argent. Malgré cela, Charles attaque les Suisses à *Morat* : 20,000 Bourguignons restent sur le champ de bataille (1476.)

1,477 Nancy fut reprise, mais Charles l'attaque de nouveau : il y fut tué par Claude de Baumont, gentilhomme Lorrain, en 1477. Son corps fut déposé dans l'église de Nancy. En 1550, son petit-fils Charles-Quint le fit transporter dans la Cathédrale de Bruges, auprès de celui de sa fille Marie.

Le duché de Bourgogne est réuni à la France.

ANGLETERRE.

HENRI IV, premier de la maison de Lancastre.

1,399 — Il avait usurpé le trône; il eut donc à réprimer des conspirations. Il bat Piercy, comte de Northumberland, à Wesburg, et fait exécuter l'archevêque d'York. Henri IV était prudent et vigoureux; il fut cruel envers les partisans de Viclef, prêtre Hérésiarque, en portant contre eux des lois qui les condamnaient au feu.

HENRI V, qui se fit nommer roi de France.

1,413 — Comme son père, il sut déjouer les complots auxquels il fut en butte. Les *Viclefites* se soulèvent; mais la mort de leur chef Cobham est le signal de la chute de ces sectaires, précurseurs des Prébytériens (*voir la France.*)

HENRI VI, marié à Marguerite fille de René d'Anjou.

1,422 — Le duc de *Bedfort*, frère du feu roi, est régent, et fut remplacé, en 1543, par le duc de Glocester, oncle du roi. Unie au cardinal de Vinchester, la reine se défit de Glocester. *Suffolk* fut premier ministre. Le duc d'*York*, dont le père avait été décapité en 1415, tenait à la branche aînée de la maison royale, et Warvick, son puissant allié, renversent *Suffolk* : il se sauve; mais on l'assassine. Le duc d'York, revenu d'une expédition en Flandre, vint, se-

1,452 condé par les communes, demander le renvoi de *Sommerset*, premier ministre, et battit l'armée de la cour à St.-Albans, où le roi fut fait prisonnier. *Marguerite* parvint à rétablir son mari sur le trône; une fausse paix fut conclue, et la guerre recommença avec acharnement; on la nomme guerre *des deux Roses* : la *Rouge* pour la maison de Lancastre ou de la cour; la *Blanche* pour les Yorkistes : ceux-ci firent de

Guerre des 2 Roses. 1,460 nouveau le roi prisonnier à Northampton. Le parlement décida que le duc d'Yorck régnerait, et que Henri VI garderait la couronne en viager. Marguerite ne consentit pas : à la tête d'une armée d'Ecossais, elle battit *Wakefield* et le d..

d'Yorck, qui périt dans l'action et légua ses prétentions à son fils Edouard. Marguerite vainquit Varwick, près de St-Albans, et mit le roi en liberté. Mais le nouveau duc d'Yorck, prince beau et résolu, parut devant Londres, convoqua le peuple et lui dit; *lequel voulez-vous pour roi, Henri de*
1,461 *Lancastre, ou Edouard d'Yorck?* On répondit : *Edouard d'Yorck*. Le parlement confirma la décision du peuple. Marguerite se sauva; Henri VI fut conduit à la tour de Londres, lié sous le ventre d'un cheval et hué par la populace.

EDOUARD IV, premier de la maison d'Yorck.
1,461 — Il était violent, cruel et débauché. Edouard épouse la belle veuve Voodville : Varwick en est irrité; il s'arme contre lui avec le duc de Clarence, frère du Roi : Edouard
1,470 est vaincu, et Henri VI replacé sur le trône : le parlement approuve encore. Edouard, secouru par le duc de Bourgogne,
1,471 entre à Londres; *Warvick*, le faiseur de rois, est tué à Bernet; Marguerite, qui avait défendu ses droits dans douze batailles, est prise à Tewkesbury. Son fils, souffleté par Edouard, est assassiné; Henri VI est tué dans sa prison : on accusa le duc de Glocester-le-Bossu de ce crime. *Margue-*
1,475 *rite* fut rachetée par Louis XI à qui René, qui était aussi roi de Sicile et de Jérusalem, céda ses droits sur l'Anjou, la Provence et la Lorraine. Elle mourut près de Saumur.
Fin de la guerre des deux Roses. 1,482 Ainsi finit la guerre des *deux Roses*, après avoir coûté la vie à onze cent mille hommes et à 80 princes du sang.
1,482 Edouard IV régna en libertin : condamné par le parlement, il voulut être noyé dans un tonneau de vin.

EDOUARD V, roi légitime.
1,483 — Le hideux Glocester, frère du feu roi et tuteur de son fils, veut s'emparer du trône. Fourbe et brave, féroce et habile, il fait le mal par goût et par ambition. Il se fait
RICHARD III, roi usurpateur. 1,483 nommer Protecteur; fait passer pour bâtards les deux fils de la reine-mère (Edouard V et le duc d'Yorck); il les fait assassiner, et se fait proclamer roi. Cet usurpateur devient l'objet de l'exécration publique. Buckingam, qui l'avait servi, conspire contre lui; Henri *Tudor*, comte de Riche-
Henri Tudor. mond, issu par sa mère, de la branche de Lancastre, et descendant par son père, *Owen Tudor*, d'un gentilhomme Gallais, qui avait épousé la veuve d'Henri V, est indiqué comme pouvant rallier un parti. On veut, pour réunir les deux Roses, le marier à une fille d'Edouard IV, *Elisabeth*; Richard III découvre la trame; Buckingam, pris, est mis à
1,485 mort; Richard III va épouser Elisabeth, quand Henri, secouru par Charles VIII, débarque et tue Richard à Bosworth.

HENRI VII, premier de la maison des Tudor.
1,485 — Son avènement fut légitimé par le parlement et confirmé par le Pape. Le jeune Warwich, fils du feu duc de Clarence, fut mis à la tour de Londres. Les projets des Yorckistes furent servis à des époques différentes, par deux
1,486 aventuriers. Simnel, fils d'un boulanger, se fit couronner à Dublin; les insurgés furent défaits en Angleterre, et Simnel (soi-disant le jeune Warwick), fut pris et devint cuisinier du roi. L'autre imposteur, Perkin, qui se disait duc d'Yorck,
1,499 frère cadet d'Edouard V, fut emprisonné à la tour : lui et Warwick, ayant voulu s'évader, furent mis à mort.
1,509 Henri VII organisa le despotisme par la ruse : il obtenait de l'argent par tous les moyens, et mourut riche.

ALLEMAGNE.

ROBERT, comte Palatin du Rhin, empereur.
1,400 — Il fut juste et sage. A sa mort (1410), des électeurs offrirent le trône à Josse de Luxembourg, neveu de Charles IV, qui ne survécut que trois mois à son élévation.

SIGISMOND de Luxembourg.
1,410 — Frère du vieux Venceslas, il avait épousé Marie d'Anjou qui lui avait apporté la Hongrie, la Dalmatie et la Bosnie : il hérita de la Bohême et eut la couronne impériale : peu de princes ont réuni plus de sceptres dans leurs mains.
Jean Hus, brûlé. 1,414 Concile de Constance. Trois papes sont déposés: Martin V eut la tiare. Condamnation de Jean Hus et de Jérôme de Prague, fameux sectaires soulevés contre l'église.

ALBERT II, premier de la maison de Habsbourg-Autriche.
1,438 — Doué de qualités éminentes, il mourut la deuxième année de son règne, au moment où il venait de prouver aux Turcs qu'il était capable de les contenir.

FRÉDÉRIC III.
1,440 — Il dut son élévation à son nom et à son caractère. Ayant demandé la confirmation de son élection à un pape déposé par un concile, il mit l'Allemagne en feu jusqu'à l'avènement du pape Nicolas V. Frédéric III fut le dernier empe-
1,453 reur qui se fit couronner roi d'Italie. Il éprouva des revers avec les Turcs, maîtres de Constantinople; mais il eut la joie
1,477 de marier son fils Maximilien, en 1477, avec la riche héritière de Bourgogne, Marie, fille de Charles-le-Téméraire.

MAXIMILIEN Ier
1,493 — Il obtint la diète de Vorms, en 1495, qui proclama la paix perpétuelle dans l'empire qui fut divisé en 10 cercles;
Cour Aulique. abolit le droit de guerre privée. La chambre impériale, cour d'appel ou collège aulique, fut instituée. Le fils de l'empe-
1,497 reur Philippe d'Autriche (le Beau), épouse Jeanne-la-Folle, héritière de la monarchie Espagnole. Charles VIII et Maximilien eurent des démêlés au sujet du Milanais : cet empe-
1,519 reur mourut en 1519, laissant l'empire à Charles-Quint.

ESPAGNE.

Unité de l'Espagne.

FERDINAND V, dit le Catholique, et Isabelle de Castille.
1,469 L'Espagne, soumise aux Maures depuis le 8e siècle, travaillait à les chasser : des milliers d'Africain furent défaits à la bataille de Tariffa, par Alphonse-le-Vengeur, et l'archevêque de Tolède. Mais, en 1469, Ferdinand V, dit le Catholique, fils de Jean, roi d'Aragon, ayant épousé Isabelle de Castille, sœur de Henri IV, ces deux royaumes furent réunis, et présentèrent assez de forces pour chasser les Maures. Ceux-ci réduits au royaume de Grenade, furent assiégés dans la ville : ce siége dura 9 mois: les Maures, épuisés, se
1,492 rendirent en 1492, et furent contraints de changer de religion ou de passer en Afrique. Quelques-uns, retirés dans les monts Alpuxares, massacrèrent des prêtres; obligés de céder à la force, ils payèrent cher la permission de se retirer en Afrique.

Ferdinand établit l'inquisition en 1478. Le dominicain *Torquemada* fut fait grand inquisiteur. Pendant 14 ans, on fit le procès à plus de 80 mille hommes.

PORTUGAL.

EDOUARD. 1,433 Les Portugais parcouraient alors les mers, doublaient
ALPHONSE V. 1,438 les caps et découvrent de nouvelles contrées. Sous Alphonse V, ils s'avancent jusqu'aux côtes de Guinée; sous Jean II, ils
JEAN II. 1,481 fondent d'immenses colonies. Barthélemy Dias découvre le
EMMANUEL-LE-FORTUNÉ. 1,495 cap des Tourmentes (1486), nommé par Emmanuel-le-Fortuné cap de Bonne-Espérance. Sous le règne de ce prince, Vasco-de-Gama part de Lisbonne avec trois bâtiments (1498), double le cap de Bonne-Espérance, découvre Mozambique, Quiola, Mélinde en Afrique, et Cochin, Calicut dans
INDES. VASCO DE GAMA. 1,498 les Indes. Ces découvertes, source de richesses pour l'Europe, arrêtent les progrès des Maures, qui auraient imposé leur religion.

EMPIRE GREC.

CONSTANTIN XII, dit Paléologue, dernier empereur.
1,448 Constantin XII succède à Jean Paléologue II qui régnait depuis 1425. L'empire était sur le penchant de sa ruine.
1,451 Scanderberg (Alexandre-le-Grand), prince Albanais, avait arrêté les conquêtes d'*Amurat II*, sultan : mais l'intrépide *Mahomet II*, fils d'Amurat, met le siége devant Constanti-
PRISE de Constantinople. 1,453 nople, la prend et la pille après deux mois de résistance (1453.) Constantin XII meurt sur les remparts, et l'empire Grec est entièrement détruit. Constantinople devient le siége de l'empire Ottoman. Le BAS-EMPIRE fut détruit après 1484 ans de durée depuis la bataille d'Actium; 1123 depuis la translation du siége impérial de Constantin, et 1088 depuis que l'empire était séparé de Rome.

Fin de l'Histoire du Moyen-Age : 476 à 1453.

Le pape Nicolas V, au congrès de Lodi, 1454; Pie II, au concile de Mantoue, 1459, élevèrent une voie éloquente en faveur de la foi et de la civilisation qui périssaient en Orient; mais la froide politique glaça les cœurs des princes, et l'Occident apprit sans pitié les funérailles de la Grèce.

ITALIE.

Maison de Sforce à Milan.
1,450 — Les Visconti se sont emparés du gouvernement de Milan dans le 14e s. *Jean Galeas*, arrière-petit-fils de Mathieu de Visconti, fut déclaré duc par l'empereur Venceslas. En 1450, Philippe-Marie Visconti fut remplacé par son gendre François *Sforce*, fils d'un soldat parvenu : il commença une nouvelle dynastie. Ce changement fut le prétexte des guerres de la France avec l'Italie : Louis XII fit valoir les droits de son grand-père. Le contrat de mariage portait: qu'au défaut d'enfant mâle issu de Jean Galéas, ce duché passerait à Valentine ou à ses enfants.

Florence. LES MÉDICIS.
1,400 *Côme* et *Laurent de Médicis*, chefs d'une maison illustre, s'élevèrent à Florence, au-dessus de leurs concitoyens, par une noble générosité et un goût éclairé. — *Côme*, dit l'Ancien, fils de Jean de Medicis, célèbre négociant, naquit en 1389. Exilé à Venise, à cause de ses richesses, il fut rappelé et fut pendant trente-quatre l'arbitre de la république : il fonda une bibliothèque et donna asile et protec-
1,448 tion aux savants qui fuyaient l'Orient. — *Laurent de Médicis*, dit le Grand, naquit en 1448: il était fils de Pierre, et petit-fils de Côme et frère de Julien qui fut tué en entendant la messe. Laurent, le Mécène de son siècle, mourut en 1519.

POLOGNE. — RUSSIE.

Pologne. PAIX DE THORN.
1,466 — Les chevaliers Teutoniques et la Prusse étaient en guerre : la Pologne avait pris partie pour la Prusse : cette guerre se termina par la paix de Thorn : la Pologne conserva la Prusse Occidentale et les Teutons, la Prusse Orientale.

Russie. 1.er CZAR.
1,462 — Ivan Wasielicwistz affranchit la Russie du joug des Tartares, rassemble les lois dans un code; introduit le commerce: il porte, le premier, le titre de Czar (roi.)

AMERIQE.

CHRISTOP.-COLOMB
1,492 Platon, dans le 6e siècle avant J.-C.; Elien, dans le 2e après J.-C., parlent de l'existence d'un grand pays à l'ouest de l'Afrique. Cette opinion est attaquée comme impie par les pères de l'Eglise. CHRISTOPHE COLOMB, né à Gênes, en 1442, d'un père, tisserand, conçoit que l'on peut découvrir un autre monde en allant vers l'occident de l'Europe : il colporte ses plans dans toutes les cours : on le traitait de visionnaire : en Espagne, une assemblée de mathématiciens ignares, de moines, de docteurs, s'oppose à l'exécution de ses desseins. Il va partir pour Paris, où une lettre du roi de France l'appelle; mais le moine Perez plaide sa cause devant la grande Isabelle qui lui confie trois frêles barques. Il part un vendredi du petit port de Palos, le 3 août 1492, et arrive, après 71 jours, le 12 octobre 1492, aussi un vendredi, dans l'île de *Guanahani* qu'il nomme *Saint-Salvador*. Colombe avait failli être la victime de son génie audacieux : ses soldats, ne voyant pas la terre, voulait le jeter à la mer. Il découvre les îles *Lucayes*, *Cuba Hispaniola* (St.-Domingue ou Haïti). Après trois autres voyages, Colomb, accablé de fatigues, de chagrins et d'infirmités, reçu froidement à la cour, languit pendant quelque temps, et termina dans les douleurs, à Valladolid, en 1506, sa glorieuse existence. Ses restes, depuis 1795, sont déposés à la Havanne.

AMÉRIC-VESPUCE.
1,497 AMÉRIC-VESPUCE, Florentin, partit de Cadix en 1497, avec 4 vaisseaux fournis par le roi Ferdinand, et découvrit les côtes de *Parria*, de la Terre-Ferme, jusqu'au golfe du Mexique. Le nouveau monde reçut de lui le nom d'Amérique.

Canada.
En 1499, Sébastien *Cabot*, vénitien, au service de l'Angleterre, découvre la terre nouvelle la *Virginie*.

DÉCOUVERTES, *Inventions et Fondations.*

1,402 — Les mystères, pièces de théâtre, sont représentés à Paris.
1,409 — Première mention des carosses.
1,410 — Peinture à l'huile, découverte à Bruges, par Vaneick, qui crée l'école Flamande.
1,420 — Iles de Madère, découvertes par les Portugais.
1,430 — Ordre de la Toison d'Or, fondé par le duc Philippe-le-Bon.
1,432 — Iles Açores, découvertes par les Portugais. — Chapeaux de feutre.
1,449 — Le pape Nicolas V fonde la bibliothèque du Vatican.
1,450 — Invention de l'imprimerie par Jean Guttemberg de Mayence.
1,461 — Découverte des îles du Cap Vert, par les Portugais.
1,463 — Création de l'université de Bourges. — Louis XI établit les postes.
1,470 — 1re imprimerie établie à Paris. — 1474.
1,474 — 1re manufacture de soierie en France.
1,484 — Découverte du Congo, par le Portugais Jean Camus.
1,491 — Première monnaie à l'effigie du souverain, sous Charles VIII.

FRANCE.

Troisième Race.		
Branche des Valois-Orléans.		
59me Roi **LOUIS XII**, Surnommé le Père du peuple, fils de Charles, duc d'Orléans, marié en 1476, à Jeanne, fille de Louis XI; puis, à Anne de Bretagne, en 1499, et en troisièmes noces, à Marie d'Angleterre, en 1514.	1,498	— Il Succède à Charles VIII. Louis de la Trimouille, qui avait défait le duc d'Orléans à la bataille de Saint-Aubin, en 1488, craignait, à l'avènement de ce prince, d'éprouver une disgrâce; mais il lui dit avec bonté: le roi de France ne venge pas les querelles du duc d'Orléans.
	1,499	Le roi ordonne l'observation de la pragmatique sanction.
	1,500	Louis XII, comme petit-fils de Valentine de Visconti, avait des droits sur le Milanais: il marche sur Milan, et en chasse *Ludovic Sforce*. Gênes se soumet aussi.
	1,501	Ludovic Sforce reprend Milan; mais de la Trimouille le fait prisonnier: on le renferme dans le château de Loches (Indre-et-Loire), où il meurt en 1510.
	1,501	Louis XII et Ferdinand V font la conquête du royaume de Naples. Louis d'Armagnac, duc de Nemours, et Stuart Daubigny commandaient l'armée Française; le grand capitaine, Gonsalve de Cordoue, celle du roi d'Espagne.
Défaite de Séminare. Bataille de Cérignoles.	1,503	D'Aubigny est défait à la bataille de Séminare. Par un traité conclu à Lyon, Ferdinand et Louis XII devaient quitter le royaume de Naples: le roi d'Espagne ne fut pas de bonne foi, il envoya des renforts à Gonsalve qui battit les Français à Cérignoles, où fut tué le duc de Nemours. Ces deux batailles, perdues un vendredi, ont fait regarder ce jour comme malheureux.
Ligue de Cambrai.	1,508	Ligue de Cambrai contre les Vénitiens, entre Louis XII, l'empereur Maximilien et Ferdinand V.
	1,509	Louis XII gagne en personne la bataille d'*Aignadel*, sur les Vénitiens qui sont dépouillés par l'Espagne et le pape Jules II.
Ligue contre la France. BAYARD.	1,510	Ligue des rois d'Angleterre, d'Espagne, du pape et des Vénitiens contre la France. Jules II, qui pressait la guerre contre le duc de Ferrare, manqua d'être pris dans Bologne, par le chevalier *Bayard* (Pierre du Terrail, né en 1476, au château Bayard, à six lieues de Grenoble.)
	1,511	Bayard défait les confédérés à la journée de la Bastide.
Bataille de Ravenne.	1,512	Bataille de Ravenne gagnée sur les Espagnols par *Gaston de Foix* (neveu du roi), duc de Nemours, âgé de 23 ans: il est tué à la fin de l'action. Il avait gagné trois batailles.
	1,512	Le pape Jules II lance un interdit sur la France.
	1,513	Les Suisses battent Louis XII à Novarre, et le Milanais est perdu pour la troisième fois, malgré les efforts de *Lapalice* (Chabanes) qui commandait en chef: Maximilien, fils de Ludovic Sforce, est rétabli.
	1,513	Bataille de Guinegate ou des Eperons, remportée par Henri VIII, roi d'Angleterre.
	1,515	Mort de Louis XII. Ce roi fut bon; il abolit les asiles des églises, diminua les impôts. On lui reproche d'avoir favorisé la famille déshonorée du pape Alexandre VI (Borgia, espagnol de naissance, mort en 1503.)
Branche des Valois-Angoulême. 60me Roi **FRANÇOIS Ier**, surnommé le Père des Lettres, né à Cognac, de Charles d'Orléans et de Louise de Savoie; marié en 1514, à Claude, fille de Louis XII, et en 1530, à Eléonore, sœur de Ch.-Quint.	1,515 1,515	François I.er parvient à la couronne le 1.er janvier 1515, à 21 ans. Comme il avait des droits sur le Milanais, il part pour l'Italie, après avoir établi sa mère régente. Il défait les Suisses à la bataille de Marignan, nommée bataille des *Géants*, par le maréchal Trivulce. Le Milanais est conquis, et les Gênois se déclarent pour le roi.
	1,516	Entrevue de Léon X et de François I.er à Bologne, où ils jettent les fondements d'un concordat confirmé en 1516, au concile de Latran, et publié en France en 1517. Le connétable de Bourbon est lieutenant-général de Milan.
	1,517	Par l'entremise du cardinal Volsey, que François Ier avait mis dans ses intérêts, l'alliance est renouvelée avec l'Angleterre. Elle fut de courte durée.
	1,520	Entrevue de François I.er et de Henri VIII, entre *Ardes* et *Guines* (Pas-de-Calais), appelée le camp du drap d'Or, Henri promet à François de se déclarer contre Charles-Quint: mais celui-ci, plus adroit, visite Henri VII en Angleterre et promet la tiare à Volsey.
Défaite de la Bicoque.	1,521	Charles-Quint soupçonnant François I.er d'avoir excité le duc de Bouillon, Robert de la Marck, à se soulever, déclare la guerre à la France. Le Milanais est perdu par la faute de Lautrec, défait à la *Bicoque*.
	1,522	De Baume Semblançai, accusé d'avoir détourné les fonds de l'armée, est pendu. L'argent avait été donné à la duchesse d'Angoulême qui nia l'avoir reçu. Gentil, commis du ministre, avait soustrait les quittances et les avait remises à la mère du roi. Gentil fut aussi pendu.
Trahison du duc de Bourbon.	1,524	Retraite de Rebec: *Bayard* y est tué. La reine-mère voulait épouser le Connétable de *Bourbon*, veuf de la petite-fille de Louis XI: elle en reçut un refus; mais elle s'en vengea en faisant séquestrer les biens du duc. Celui-ci passa au service de l'empereur. Ce duc disait à Bayard mourant à Rebec: *j'ai grand pitié de vous voir en cet état. Je meurs en homme de bien*, répondit celui-ci; *et j'ai pitié de vous voir servir contre votre roi, votre pays et votre serment.*
Bataille de Pavie.	1,525	François I.er est fait prisonnier à Pavie: *tout est perdu, fors l'honneur*, écrivait-il à sa mère régente. Le roi fut détenu à Madrid, où il cédait la Bourgogne pour sa délivrance: les Etats ne voulurent pas accéder à ce traité.
	1,527	Le duc de Bourbon meurt en donnant l'assaut à Rome.
	1,529	Traité de Cambrai: François Ier cède ses droits sur le Milanais.
	1,639	Charles-Quint traverse la France pour marcher contre les Gantois soulevés. Reçu magnifiquement à Paris, il promet Milan au Roi pour celui de ses enfants qu'il désignera. Arrivé en Flandre, Charles rétracte sa promesse.
Bataille de Cérisolles.	1,544	Bataille de *Cérisoles*, gagnée par les Français. Paix de *Crespi* entre l'empereur et François I.er qui renonce à l'Italie. Grand hiver.
	1,545	Exécution de Cabrières (Gard) et de Mérindole (Vaucluse), villes protestantes, ou le prétexte de la religion fit commettre les plus horribles cruautés par les troupes du roi. François I.er qui protégeait les protestants en Allemagne, les persécutait en France.
	1,547	Mort de François Ier. Ce roi, brave chevalier, mais mauvais politique, protégea les lettres, les sciences et les arts; attira les grands et les femmes à sa cour. Le chancelier Duprat fit rendre les charges vénales; les impôts sont augmentés de 9 millions; le Hâvre, Saint-Germain, Fontainebleau sont bâtis; le Louvre commencé; le collége royal fondé; mode des cheveux courts et de la barbe longue; maréchaux-de-camp; la langue française est seule employée dans les actes publics. Sous ce règne vivaient: Clément Marot, Marguerite de Navarre, sœur du roi; le Titien, Léonard de Vinci, Goujon, sculpteur; Henri-Etienne, imprimeur; Dumoulin, Cujas, Jurisc.; Ronsard, Rabelais, Montaigne, Charron, Erasme et Calvin. Triboulet était le fou du roi, Bonnivet, son flatteur; ses maîtresses, Diane de Poitiers, la duchesse d'Estampes et la belle Ferronnière.
61me Roi **HENRI II**, marié en 1533, à Catherine de Médicis, fille unique de Laurent Médicis: elle était nièce de Clément VII.	1,547	Fils de François I.er, ce prince commence son règne par un combat singulier où la Chateigneraie, son favori, fut renversé d'un coup que lui donna Jarnac, sur le Jarret, à Saint-Germain-en-Laye (Coup de Jarnac.)
	1,552	Prise de Metz, Toul et Verdun par les Français, contre Charles-Quint.
Ecoles Buissonnières.	1,552	Arrêt du parlement qui défend les écoles *Buissonnières*, ou Ecoles des protestants tenues en plein champ.
	1,554	Henri II ravage le Brabant, le Hainaut, le Cambrésis, et défait les impériaux à *Renti* dont il lève le siége.
Bat. de St-Quentin.	1,557	Bataille de Saint-Quentin (Aisne), gagnée par le duc de Savoie, et défendue vaillamment par l'amiral de Coligny. Philippe II, roi d'Espagne, bâtit l'Escurial (Gril.) La bataille avait été gagnée le jour de St-Laurent.
	1,558	Prise de Calais par le duc de Guise, de Dunkerque, de de Thionville, etc.
	1,559	Edit d'Ecouan, portant peine de mort contre tous les Luthériens.
	1,559	Traité flétrissant de Cateau-Cambrésis, par lequel Henri II rend à Emmanuel ses provinces, les places de Flandre conquises sur Philippe II, et la Corse aux Génois.
	1,559	Blessé d'un coup de lance à l'œil droit, que lui donna Montgomery dans un Tournoi, Henri II mourut à 40 ans. L'état commence à être obéré: 42 millions de dettes; domination de *Diane de Poitiers*, duchesse de Valentinois; Montmorenci, 1.er Duché-Pairie en faveur d'un seigneur. Sous ce règne parurent: Rob.-Etienne, Saint-François-Xavier, Ignace de Loyala, Scaliger, le Corrège, Michel-Ange.
62me Roi **FRANÇOIS II**, marié en 1558, à Marie Stuart, fille de Jacques V, roi d'Ecos. et de Marie de Lorraine, fille de Claude Ier, duc de Guise; elle eut la tête tranchée le 18 fevr. 1587.	1,559 1,560	— Le règne de François II, fils de Henri II, roi à 17 ans, et qui mourut à 18, n'est que l'histoire d'une conspiration: celle d'Amboise (Indre et Loire), dirigée contre les *Guises*, par les protestants. *Bari de la Renaudie* en était le chef avoué; *Condé* le chef secret: 1,200 protestants périrent. Avenelles, avocat à Paris, découvrit la conspiration. Le chancelier Olivier meurt de douleur: Michel de l'Hospital lui succède. Le grand Guise, et son frère le cardinal de Lorraine, étaient tout puissants: François II était leur neveu.
63me Roi **CHARLES IX**, marié en 1570, à Elisabeth d'Autriche, fille de l'emp. Maximilien II.	1,560 1,562	— Il succède à son frère, François II, à l'âge de 10 ans: sa mère, Catherine de Médicis, est régente; le pouvoir échappait aux Guises, chefs du parti catholique exalté. La cour, adoucissant les rigueurs contre les *Huguenots* (confédérés), les Guises excitent le zèle des exaltés. Alors, le Massacre de *Vassy* par les troupes de Guise: à Toulouse on égorgea 4,000 Huguenots. Les protestants implorent le secours de leurs frères d'Allemagne et d'Angleterre: le Hâvre est livré aux Anglais; la guerre civile est partout: Montluc, gouverneur de Guyenne, parcourait sa province avec des bourreaux; dans le Dauphiné, le baron des Adrets précipitait ses prisonniers du haut d'une tour sur des piques.
Traité d'Amboise.	1,563 1,563	Guise, vainqueur à Dreux du prince de Condé, est assassiné à Orléans, par un protestant. *Votre religion*, dit le duc mourant, *vous ordonne de me tuer, et la mienne me commande de vous pardonner.* La reine-mère traite avec les protestants à Amboise; cependant une 3e guerre est décidée. L'Hospital, cette noble image de la froide sagesse, se retire. Les protestants prennent Larochelle pour place d'armes, et paient des auxiliaires Allemands.

1,569 Bataille de *Jarnac* gagnée par Henri, duc d'Anjou, contre le prince de Condé qui y est tué de sang froid par Montesquieu : le duc gagna encore la bataille de Moncontour.

1,569 Henri de Bourbon est chef des Protestans : ils obtiennent 4 villes et la liberté religieuse; mais on a peur : on attire à la cour les Protestants, sous le prétexte du marige de Henri de Navarre avec Marguerite, sœur de Charles IX :

Sainte-Barthélemi.

1,572 la *Sainte-Barthélemi* est résolue. Le 24 août 1572, sur les 2 heures de la nuit, la cloche de Saint-Germain-l'Auxerrois sonne, et le jeune *Henri de Guise*, croyant venger son père, égorge *Coligny*. Alors ce cri : *tue ! tue !* Charles IX tire sur les Français. Dans les provinces se répètent les mêmes horreurs: mais deux officiers d'Orthez et Thomasseau, répondent au roi, *qu'ils ont des soldats*, et *non des bourreaux*. Charles IX avoue qu'il a tout fait : le parlement décrète une procession annuelle pour fêter le massacre de 100 mille Français; et Philippe II félicite la cour de France. L'année suivante, se forme le parti des *Malcontents* ou Politiques; c'est la 5e guerre civile : Charles IX meurt.

64me Roi **HENRI** III, marié en 1575, à Louise de Lorraine de Vaudemont.

1,574 — Il était roi de Pologne : il vint succéder à son frère. *Montgomery*, qui blessa Henri II, fut exécuté.

1,575 Henri III attaque les Protestants; le duc d'Alençon, son frère, les soutient. Henri III rend la liberté de conscience aux Protestants. Un 3e parti s'organise; Henri, duc de *Guise*, forme le projet de succéder à Henri III. Il flatte les Catholiques exaltés : des associations s'établissent; on prêche la sédition partout. La *ligue* se montre à découvert. Henri III, effrayé, se déclare protecteur de la ligue dont *Guise* est chef. *Joyeuse* commande l'armée royaliste; Henri de Navarre est chef des Huguenots armés: il défait complétement Joyeuse à Coutras

La Ligue.

Guerre des 3 Henri : Défaite de Coutras.

1,587 (1587). Les *seize* quartiers de Paris forment une ligue en faveur de Guise : la journée des *barricades*, 1588, est leur seul fait d'armes : ils y massacrent les Suisses : Condé est empoisonné. Henri III, consterné, se retire à Chatres. Cathérine de *Médicis* croit abattre la ligue aux Etats-généraux

1,588 assemblés à Blois, 1588 : le crédit des Guises les domine : Cathérine les fait assassiner dans le château. Le duc de *Mayenne*, leur frère, entre dans Paris. Cathérine meurt à Blois. La Sorbonne déclare Henri III déchu, et le pape, sixte V, l'excommunie. Henri III se réunit au roi de Navarre; les deux armées marchent sur Paris. Un jeune do-

1,589 minicain, *Jacques Clément*, sort de Paris, et vient tuer Henri III d'un coup de couteau, le 1er août 1589.

Bourbons.

BRANCHE DES BOURBONS.

65me Roi **HENRI** IV, dit le Grand : fils de Jeanne d'Albret et d'Antoine de Bourbon, duc de Vendôme, descendant de Robert, 6me fils de St-Louis, qui avait épousé l'héritière de Bourbon; marié en 1571, à Marguerite de Valois, et en 1600, à Marie de Médicis.

1,589 — Il était déjà roi de Navarre par sa mère. Son oncle et son prisonnier, le cardinal de *Bourbon*, avait été proclamé roi dans Paris, par *Mayenne*, sous le nom de Charles X.

1,589 Combat d'*Arques* (Seine-Inférieure), où le duc de Mayenne est défait. Henri IV marche sur Paris. Il écrivait à Crillon : *Pends-toi, nous avons vaincu sans toi.*

1,590 Le 14 mars, Henri IV défait encore Mayenne à *Ivry* (Eure.) Ce prince avait dit à ses soldats : *Enfants, si vous perdez vos insignes, ralliez-vous à mon panache blanc ; vous le trouverez toujours au chemin de l'honneur et de la gloire.*

1,590 *Siége de Paris.* On fait du pain avec des os de morts : une femme fait rôtir son enfant et le mange. Henri IV fait passer des vivres. Le célèbre *Farnèse*, duc de Parme et de Plaisance, général de Philippe II, fait lever le siége. Grégoire XIV, successeur de Sixte V, proscrit Henri IV.

7e Application de la loi salique. La 6e a eu lieu à François Ier.

1,593 Divisions aux Etats de Paris : les pretentions de Philippe II échouent, mais ce n'est pas au profit de Mayenne.

1,594 Abjuration de Henri IV : il entre dans Paris ; le comte de Brissac lui remet les clefs de la ville le 22 mars.

Mayenne est encore vaincu à Fontaine-Française (Côte-d'Or.) C'est l'époque de la 2e aristocratie ; la 1re avait fini à Crécy, à Poitiers, à Azincourt.

1,595 Henri IV est absous par Clément VIII.

1,596 Le duc de Mayenne fait la paix avec Henri IV.

1,598 Edit de Nantes accordé aux Protestants.

1,598 Le 2 mai, paix de Vervins avec Philippe II.

ANGLETERRE.

HENRI VIII, fils de Henri VII.

1,509 — Henri VIII est roi à 18 ans: il était d'un caractère irascible et de mœurs déréglées ; déspote, pédant, bizarre et cruel. L'Europe était en feu : Henri VIII y prit part. Charles-Quint et François Ier le courtisaient: il répétait: *qui je défends est maitre.* Henri VIII combat Luther et reçoit le titre de défenseur de la foi.

1,527 Henri VIII, dégoûté de Cathérine d'Aragon, veut divorcer. Le pape Clément VII (Jules de Médicis), s'y oppose. Wolsey, son ministre, soupçonné, est arrêté et conduit à Londres: il meurt en chemin de la dyssenterie, en 1533. Sur l'avis de *Cranmer*, primat, les universités déclarent incestueux le mariage d'un frère avec la veuve de son frère. Henri VIII, cité par-devant la cour de Rome, refuse de paraître; il est nommé, par un parlement vendu, protecteur et chef de l'église d'Angleterre.

1,533 Le divorce est prononcé, et Cranmer couronne *Anna* Boleyn. Les Catholiques sont persécutés : le cardinal Fischer et le chancelier Moore (Morus) ont la tête tranchée. Henri VIII fait une religion à l'usage de son royaume mis en interdit par Léon X. *Thomas Cromwel*, fils d'un forgeron de Putney, domestique de Wolsey, devint vicaire-général et fut décapité en 1540.

1,540 Les femmes de Henri VIII sont : Catherine d'Aragon, répudiée; Anna de Boleyn, décapitée ; Jeanne Seymour, morte en couches ; Anne de Clèves, répudiée ; Catherine Howard, décapitée, et Catherine Park.

EDOUARD VI, fils de Jeanne Seymour.

1,547 — Sommerset, oncle du roi, est tout puissant. Thomas Seymour se soulève contre Sommerset ; il est décapité. Dudley, comte de Warvich, jette Sommerset en prison, et est décapité à son tour. L'église Anglicane est fondée.

MARIE, fille de Catherine d'Aragon.

1,553 — Dudley proclame Jeanne *Grey* malgré ses refus : il périt. Jeanne Grey, sœur-puinée de Henri VIII, a la tête tranchée. Marie rétablit la religion catholique et épouse le roi d'Espagne. On condamne au feu quiconque refuse d'aller à la messe.

ÉLISABETH, fille d'Anna Boleyn.

1,558 — Ce règne est le plus glorieux de l'Angleterre. La reine avait 25 ans. Elle remet en vigueur le statut d'Edouard, et réclame la suprématie religieuse conquise par son père. Sa cousine, *Marie Stuart*, veuve, jeune et belle, reparait en Ecosse; elle épouse Henri *Darnley*, son cousin, petit-fils de Henri VII; elle le soupçonne de l'assassinat de son favori Rizzo. Le comte de

Marie Stuart.

1,587 *Bothwel* fait périr Henri par l'explosion d'une mine, enlève Marie et l'épouse. Les Ecossais emprisonnent la reine : elle s'évade, demande du secours à Elisabeth, qui la tient enfermée pendant 19 ans, et signe, en 1587, sa sentence de mort, en plaignant sa chère cousine. Elisabeth règna 45 ans : à sa mort, elle désigna pour son successeur *Jacques VI*, roi d'Ecosse, fils de Marie Stuart (1603.)

ALLEMAGNE.

CHARLES V, épousa Elisabeth, fille d'Emmanuel, roi de Portugal.

1,519 — Ce prince, fin, rusé et adroit, naquit à Gand, en 1500.

1,535 On commençait vers cette époque à faire la traite des Blancs : les Turcs dévastaient tout. Charles-Quint défait *Barberousse*, Dey de Tunis, prend la ville et 200,000 Chrétiens.

1,547 Charles attaque *Alger*, malgré l'avis du vieux *Doria*, doge de Gênes. Une tempête disperse les vaisseaux. *Hassan-Aya*, renégat Sarde, avait été mis sur le trône par Sélim Ier.

1,556 Charles-Quint, vieilli par les maladies, les revers, abdique le trône d'Espagne en faveur de son fils Philippe II, et celui d'Al-

1,558 lemagne en faveur de Ferdinand son frère : il mourut en 1558, au convent de Saint-Just, en Estramadure, où il s'était retiré avec ses deux sœurs. On le compara à Salomon pour la sagesse, à César pour le courage, à Auguste pour le bonheur. Il se mit dans un cercueil, entendit les prières des morts; se mit au lit et mourut la nuit d'après cette comédie.

FERDINAND Ier.

1,558 — Frère de Charles-Quint, ce prince fut sage.

MAXIMILIEN II.

1,564 — Fils de Ferdinand, ce prince fut tolérant ; il disait ; *à Dieu seul appartient l'empire sur les consciences.*

RODOLHHE II.

1,576 — Il fut moins tolérant que son frère : il étudia l'astrologie, l'alchimie et s'occupa peu des affaires.

1,612 Kepler, Tychobrahé et Kopernik éclairent le monde.

Les Indulgences publiées par Léon X, amènent LA RÉFORMATION.

1,517 Le moine Augustin, *Martin Luther*, fut l'auteur de cette révolution qui mit en feu une partie de l'Europe, pendant deux siècles. En

1,518 1518, Luther est cité à Rome; en 1519, *Zwingle* de Zurich prêche

1,519 sa doctrine. Ces sectaires protestèrent à la diète de Spire (1529), et furent nommés *Protestants*.

ESPAGNE.

FERDINAND V ET ISABELLE.

1,492 — Après la conquête de Grenade, les Juifs sont proscrits : l'inquisition exerçait son empire. La réduction des Maures fut suivie de la conquête de Naples, en 1503 et de la mort d'Isabelle.

JEANNE-LA-FOLLE et PHILIPPE-LE-BEAU son mari.

1,504 Philippe-le-Beau, père de Charles-Quint, avait épousé *Jeanne-la-Folle*, fille de Ferdinand V et d'Isabelle ; il était archiduc d'Autriche et gouverneur des Pays-Bas. Appelé pour gouverner la Castille, il se fit d'abord aimer; mais ayant mis des Flamands dans les emplois, il souleva le mécontentement des Espagnols.

FERDINAND V seul.

1,506 — Appuyé par le moine cardinal *Ximénès de Cisneros*, Ferdinand gouverne la Castille. En 1512, la Navarre est en-

CHARLES Ier (Quint.)

1,516 levée à Jean d'Albret. Ferdinand V, à son lit de mort, désigne Ximénès pour régent jusqu'à l'arrivée de Charles-Quint. Les Flamands se révoltent, le ministre leur montre la dernière raison des rois : un train d'artillerie : *ce sont*, dit-il, *mes pouvoirs.* Le règne de Charles fut une époque funeste pour l'Espagne.

PHILIPPE II épouse Marie d'Angleterre.

1,556 — A l'avènement de Philippe II, la monarchie Espagnole com-

1,580 prenait les Pays-Bas, Naples, la Sicile, la Sardaigne, le duché de Milan. Il y réunit le Portugal et ses possessions en 1580 : mais les Pays-Bas se rendent indépendants en 1579. Philippe II meurt en 1598, le 13 septembre, laissant l'Espagne épuisée. Il avait fait étrangler son fils *Don Carlos*, en 1568.

PORTUGAL.

JEAN III,

1,521 — Sous ce prince, le Portugal forma un puissant empire aux

SÉBASTIEN.

1,557 Indes. Sous le règne de son petit-fils, Don Sébastien, la guerre eut lieu avec l'Afrique : ce roi téméraire y périt.

HENRI-LE-CARDINAL.

1,578 — Ce prince, convoque l'assemblée des Etats à Lisbonne. Onze juges-commissaires discutent les droits des dix prétendants; mais

PHILIPPE II.

1,580 le duc d'Albe s'empare du Portugal au nom de Philippe II. Les troupes portugaises sont défaites près d'Alcantara.

ITALIE.

Papes principaux.

1492. Alexandre VI.
1513. Léon X.
1523. Clément. VII.
1566. Pie V.
1572. Grégoire XIII.
1585. Sixte V.
1,590. Grégoire XIV.

— André *Doria*, noble gênois, le plus grand marin de son siècle, avait rétabli la république et conservé le titre de restaurateur. Jean-Louis *Fiesque*, comte de Lavagne, jaloux de la fortune des Doria, conspire avec les Français pour les renverser.

1,547 Le 1er janvier 1547, il se rend maitre des Galères; mais, en passant sur une planche, il tombe dans la mer et se noye.

SUÈDE.

1,523 — La Suède était opprimée par le tyran Christierne II, roi Danois; *Gustave Vasa*, noble Suédois, se retire chez les mineurs Dalecarliens, les soulève et parvient à chasser le tyran. Gustave est roi de Suède, il introduit le luthéranisme et fait fleurir les arts.

PAYS-BAS.

1,568 — Charles-Quint emploie le cardinal Granvelle pour étouffer la Reforme : les Flamands se révoltent. Philippe II envoie Ferdinand *Alvarez*, duc d'Albe, qui fait mourir tous les nobles; entr'autres les comtes d'*Egmont* et de *Horn*. Le prince d'Orange, chef des Protestants, se retire en Allemagne, et forme secrètement une ligue appelée

1,579 l'union d'Utrecht (1579) : *Guillaume* fut alors nommé *Stathouder*. Philippe II céda en suite les provinces à son frère, Don Juan d'Autriche, le bâtard de Charles-Quint, le vainqueur des Turcs à la fameuse bataille de *Lépante*, en 1572. Après Don Juan, vint le duc de Parme, Alexandre Camille, qui ne put arrêter l'enthousiasme Hollandais.

ASIE.

1,522 — *Solimon II* assiége et prend l'île de Rhodes en 1522. Les chevaliers se retirent à Candie : Charles-Quint leur cède Malte en 1530.

AFRIQUE.

1,517 — Selim Ier, fils de Bajazet, s'empare de l'Egypte et de la Syrie sur les Mameloucks. L'Egypte fut depuis considérée comme une province de l'empire Ottoman et gouvernée par un Pacha.

DÉCOUVERTES, *Inventions et Fondations.*

1,500 — Découverte du Brésil par Cabral.
1,521 — Conquête du Mexique par Fernand-Cortès.
1,525 — Découverte du Pérou par Pizarre et Almagro.
1,530 — Fondation du collége de France par François Ier.
1,531 — De l'Imprimerie royale.
1,538 — De la Loterie : supprimée le 1er janvier 1836.
1,539 — Régistres de l'Etat civil établis.
1,551 — Sieges présidiaux, institués par Henri II : il y en eut un à Saint-Pierre-le-Moûtier (Nièvre.)
1,560 — 1er Etablissement des Jésuites en France. L'ordre fut fondé en 1522, par Ignace de Loyola, gentil homme espagnol.
1,563 — La pomme-de-terre apportée d'Amérique, par Drake.
1,564 — Commencement de l'année au 1er janvier.
1,565 — Palais des Tuileries par Cathérine de Médicis.
1,571 — 1re Voiture publique à Orléans. — 1er tableau à l'huile en 1582.
1,582 — Réforme du Calendrier par le pape Grégoire XIII.
1,588 — Invention des Bombes et des Télescopes en 1589.

FRANCE.

Troisième Race.
Bourbons.

HENRI IV.

1,602 — Le maréchal de *Biron* conspire: il a la tête tranchée dans la Bastille, le 31 juillet. La Navarre est réunie en 1607.

Ravaillac, né à Angoulême, exécuté le 26 mai 1610.

1,610 Le 14 mai, le roi est assassiné dans la rue de la Ferronnerie, par François Ravaillac. Henri IV, *qui fut de ses sujets le vainqueur et le père*, était bon, brave et généreux: il désirait que le *paysan pût mettre la poule au pot tous les dimanches*. Le duc de *Sully*, Maximilien *Béthune de Rosny*, fut son ministre: il naquit en 1559.

66me Roi **LOUIS XIII**, dit le Juste, fils de Henri IV et de Marie [illegible], né le 27 septembre 1601; marié en 1615, à Anne d'Autriche, fille de Philippe III.

1,610 — Louis XIII n'avait que 8 ans. Sa mère fut régente; *Concini*, maréchal d'Ancre, ministre: tout cela ne pouvait continuer Henri IV. On achète la paix de l'Autriche et des grands seigneurs encore tout armés: Condé, d'Epernon, Bouillon, Longueville. On leur donna 12 millions.

1,611 Sully se retire: les courtisans se moquaient de son costume. Il mourut protestant en 1641.

1,614 Les Princes, mécontents de la cour, se retirent et se liguent avec les Protestants.

1,614 Mort de Henri, dernier connétable de *Montmorency*. Il ne savait pas écrire, et Henri IV le raillait de son ignorance.

Etats-généraux.

1,614 Le 2 octobre, Louis XIII est déclaré majeur; le 27 octobre, les Etats-généraux sont assemblés.

1,616 Le 1er septembre, le prince de Condé est arrêté et mis à la Bastille.

1,616 Arm.-J. du Plessis *Richelieu*, évêque de Luçon (Vendée), est fait secrétaire d'Etat.

1,617 De *Luynes*, favori du roi, fait arrêter Concini, qui est assassiné sur le pont du Louvre; sa veuve, *Léonora Galigaï*, est exécutée comme sorcière.

1,617 De Luynes est tout puissant: la mère du roi est reléguée à Blois, et Richelieu renvoyé.

Protestants soulevés.

1,621 Première guerre des Huguenots: *Rohan* et *Soubise* en sont les chefs. Leur assemblée de la Rochelle publia une déclaration d'indépendance, partagea en 8 cercles les 700 églises réformées de France; organisa une république.

De Luynes, qui s'était fait connétable, échoue au siége de Montauban, et meurt

1,624 Richelieu, que Louis XIII détestait, entre au conseil par les soins de la reine-mère. Il est fait cardinal.

Siége de La Rochelle.

1,628 Richelieu fait le siége de La Rochelle. Les Anglais soutiennent les Protestants: *Guitton*, maire de la ville, met un poignard sur la table, et jure de percer le sein au premier qui parlera de se rendre. Après onze mois de résistance, les Rochellais se rendent: on leur accorde la liberté de conscience.

Journée des Dupes.

1,630 Les ennemis de Richelieu essaient de le perde: il va trouver le roi à Versailles et le persuade. Cet évènement fut appelé la journée des Dupes. Les sceaux sont ôtés à *Marillac*, qui est emprisonné; le maréchal, son frère, arrêté en Piémont, est exécuté en 1632.

1,632 La reine fuit à Bruxelles; Gaston d'Orléans, frère du roi, se révolte contre Richelieu; il joint le duc Henri de *Montmorency*, qu'il avait entraîné à Castelnaudary (Aude): ils sont défaits; Gaston jure d'aimer les ministres, et en particulier le cardinal. Montmorency est prisonnier à Lectoure (Gers), puis jugé et décapité à Toulouse, le 30 octobre 1632, à l'âge de 37 ans. On voit son tombeau à Moulins.

La France est mise sous la protection de la Vierge.

1,640 Siége de la citadelle de Turin par les Français assiégés dans la place. Turenne fait pénétrer des vivres dans cette ville. Henri de la Tour, vicomte de *Turenne*, naquit à Sedan, le 11 septembre 1611: il était fils de Henri de la Tour d'Auvergne, duc de Bouillon et d'Elisabeth de Nassau, princesse d'Orange.

1,641 Un nouveau complot se trame, de concert avec l'Espagne, contre Richelieu alors bien malade. Le jeune *Cinq-Mars*, favori de Louis XIII, s'y jette avec l'étourderie qui avait perdu *Chalais*. Le discret de *Thou*, fils de l'historien, sait l'affaire et ne dit mot. Richelieu se procure une copie du traité: Cinq-Mars est arrêté à Narbonne, a la tête tranchée à Lyon, le 12 septembre 1642, ainsi que son ami de

1,642 Thou; le duc de Bouillon se rachète en rendant la ville de Sedan, foyer de toutes les intrigues.

Le Roussillon est conquis; Marie de Médicis meurt de misère à Cologne, et Richelieu meurt à Paris, chargé de biens et d'honneurs. La France respire et le peuple fait des chansons: le roi lui-même chante.

1,643 Le 14 mai, Louis XIII meurt à Saint-Germain-en-Laye, le jour de l'Ascension. Le nombre des maréchaux n'est plus fixé. Suppression des charges d'amiral et de connétable (1627)— Lieutenants-généraux.— Première compagnie de mousquétaires.—Colonies de Saint-Dominigue (1630); de la Martinique, de la Guadeloupe (1655); de la Guyane (1640.) — Institut des filles de la Charité par Saint-Vincent de Paule, qui fonde aussi l'hôpital des Enfants trouvés.

67me Roi **LOUIS XIV**, dit le Grand, né le 5 septembre 1638; marié en 1660, à Marie-Thérèse d'Autriche, fille de Philippe IV.

— Ce règne de 72 ans fut illustré par tous les genre de gloire; trois époques le caractérisent: 1° *Jeunesse*; 2° *Age mûr*; 3° *Vieillesse*. La minorité de Louis XIV fut orageuse; son âge mûr, brillant; sa vieillesse malheureuse.

1,643 — A son avènement, Louis XIV n'avait que 4 ans et 8 mois; la régence fut déférée par le parlement à la reine-mère, Anne-d'Autriche; le cardinal *Mazarin*, né à Pescina, eut la confiance de la reine.

Première époque. JEUNESSE.

— Le 19 mai, le duc d'*Enghein*, depuis le *Grand Condé*, gagne la bataille de Rocroy sur les Espagnols; le prince, âgé de 22 ans, avait sous lui le maréchal de l'Hôpital.

1,644 Condé s'empare de Fribourg: c'est là qu'il jette son bâton dans les rangs ennemis: tous les Français courent le ramasser.

1,646 Ce prince s'empare de Dunkerque (Nord), la clé de la Flandre et du détroit (7 octobre.) Le duc d'Orléans, frère de Louis XIV, avait pris Courtrai, le 28 juin.

Traité de Westphal.

1,648 La victoire de Lens (Artois), amène la paix de *Westphalie*, conclue à Osnabruck (Hanôvre), par le parti Protestant, et à Munster (Westphalie), par les Catholiques. Ce traité rend à l'Allemagne le repos, et aux autres puissances un *système politique* assis sur des bases plus larges. Il termine:

1° La guerre de *Trente Ans*, dont la religion fut le prétexte;
2° Proclame la liberté de religion par tous les Etats;
3° Reconnaît l'indépendance de Pays-Bas et de la Suisse.

La Suède devient membre de l'empire et obtient toute la *Poméranie* intérieure. La France s'assure la possession de 3 évêchés: Toul, Metz et Werdun, et acquiert l'*Alsace*, hors *Strasbourg* qui se donne plus tard à la France.

La Fronde, ou Guerre Civile entre le Parlement et la Cour.

1,648 Le mécontentement des grands éclate contre le cardinal *Mazarin*; ils se lient au parlement et commencent cette révolution ridicule qu'on nomma la *Fronde* (Guerre d'Enfants). Deux magistrats sont arrêtés par la cour; le peuple forme des *barricades* et les fait relâcher. *Condé*, le Mars français, *le petit maître*, défendait la cour; le cardinal de *Retz*, co-adjuteur de Paris, le petit Catilina de l'époque, était pour le parlement avec le prince de *Conti*, les ducs de *Vendôme*, de *Bouillon* et le maréchal de *Turenne*: ces deux derniers croyaient recouvrer Sedan.

1,649 Le 6 janvier, le roi se retire à Saint-Germain: blocus de Paris, au moment où la paix de Munster faisait respecter la puissance du roi dans toute l'Europe. Les Espagnols entrent en France.

1,650 Condé est arrêté; Turenne, passé aux Espagnols, combat pour délivrer ce prince: Mazarin se retire. L'année suivante, il revient, gagne Turenne et livre le combat de la *Porte Saint-Antoine*. La Bastille tire sur les troupes du roi (1652.)

1,655 Les Frondeurs pressent le roi de revenir: Condé et les Espagnols sont battus par l'armée royale commandée par Turenne.

1,658 Bataille des Dunes, gagnée par Turenne sur les Espagnols: elle donna Dunkerque aux Anglais, et à la France la paix des Pyré-

Paix des Pyrénées.

1,659 nées, conclue en 1659, par le cardinal Mazarin et don Louis de *Haro*, ministre d'Espagne.

1,661 Mort du cardinal *Mazarin*, à l'âge de 59 ans; il laissa cinq nièces et un neveu qui fut duc de Nevers en 1676. Louis XIV prend l'administration des affaires: *l'Etat, c'est moi*, disait-il au parlement.

Fouquet, surintendant des finances, est arrêté à Nantes: il est condamné en 1664, à un bannissement perpétuel; il mourut en 1680, dans la citadelle de Pignerol: *Pélisson* lui resta fidèle. Sa maison de Vaux coûta 36 millions

1,661 Elévation de *Colbert*, marquis de Seignelei, né à Reims en 1619: il était petit-fils d'un marchand de laine; d'un esprit quelque peu pesant et dur, mais solide, actif, invincible au travail. Louis XIV le garda 22 ans pour ministre.

1,664 Tellier, marquis de *Louvois*, né à Paris en 1641, est fait ministre de la guerre: on le nomme surintendant-général des postes en 1668.

1,667 Turenne fait la conquête de la Flandre, et *Vauban* la fortifie. Il était fils d'Urbain le *Prestre*, seigneur de Vauban: il naquit à St-Léger-de-Fougeret (Nièvre), en 1633.

Deuxième époque. AGE MÛR.

1,672 Cent mille Français fondent sur la Hollande: la république amphibie veut se jeter à la mer et partir pour Batavia: les chefs de ce parti de la mer, les *de With*, sont massacrés par le peuple; l'amiral *Ruyter*, le premier marin de ce temps, pense périr: les Hollandais se confient à un jeune général de 22 ans, *Guillaume d'Orange*, élève de With, le rival souvent heureux de Louis XIV. Guillaume est fait *Stathouder* (Gardien du pays): il noie la Hollande pour la défendre (1674.)

Stathoudérat.

1,675 Seconde conquête de la Franche-Comté qui reste à la France.

Combat de Saltzbach (Allemagne), où *Turenne* est tué par un boulet, le 27 juillet: il est enterré à St-Denis. Condé, malade, se retire.

1,676 Exécution de la marquise Brinvilliers, célèbre empoisonneuse.

1,676 Deux combats sur mer, près Messine: Ruyter est tué au dernier. Duquesne, amiral français, anéantit la flotte espagnole.

Paix de Nimègue.

1,678 Louis XIV dicte la paix de *Nimègue* (Hollande): les rois étaient fatigués. C'est ici l'apogée du règne de Louis, qui avait résisté à l'Europe armée contre lui: on lui donne le nom de *Grand*, et le duc de la Feuillade entretient un luminaire devant sa statue.

1,682 Assemblée de 35 évêques dont Bossuet est l'âme; elle décide que le Pape n'a d'autorité que dans les choses spirituelles.

1,683 Alger est bombardé.— Le Doge de Gênes demande grâce.

1,683 Mort de la reine. C'est, disait Louis XIV, le premier chagrin qu'elle m'ait jamais donné.

Dragonnades.

1,684 Massacre des Protestants dans les Cevennes.

Edit de Nantes.

1,685 Révocation de l'édit de Nantes. Les Protestants, défendus par le grand Colbert, sont abandonnés par Louvois: 50 mille familles portent à l'étranger leur commerce et leurs richesses.

Mme de Maintenon.

1,685 Mariage secret de Louis XIV avec Françoise d'Aubigné, marquise de Maintenon, née en 1635, dans une prison de Niort, et veuve depuis 1660, de Scarron, poète burlesque. Née protestante, elle abjura et voulut faire abjurer ses co-religionnaires.

Ligue d'Augsbourg

1,687 L'Europe se ligue à Augsbourg contre le despotisme de Louis XIV: Guillaume était l'âme de la ligue; Jacques II, roi d'Angleterre, était seul pour Louis; une révolution le renverse. La guerre se rallume de nouveau.

1,690 Bataille de Fleurus, gagnée par le maréchal Henri de Montmorency, duc de *Luxembourg*; le *Petit Bossu* nommé le tapissier de Notre-Dame, à cause des drapeaux qu'il prenait à l'ennemi.

Victoire de Staffarde (Piémont), gagnée sur le duc de Savoie, par le plébéien *Catinat*, homme simple et de mérite que le soldat nommait le *Père la Pensée*.

1,692 Combat Naval de la *Hogue*, perdu par l'amiral Tourville. La marine est réduite à 35 vaisseaux.

C'est l'ère de la domination maritime des Anglais.

Les ravages de nos corsaires, des *Jean-Bart*, des *Duguay-trouin*; la sanglante bataille de Nerwinde [Belgique], gagnée par Luxembourg; celle de Catinat, à la Marsaille (Piémont), rendent les alliés plus traitables.

La France garde le Roussillon, l'Artois, la Franche-Comté et Strasbourg; mais elle reconnaît Guillaume: c'était une humi-

Paix de Risvick.

1,696 liation pour le fier Louis XIV. (Paix de Ryswick, 1696.)

ANGLETERRE.

Maison des Stuarts.

JACQUES Ier, fils de Marie et de Henri Stuart.

1,603 — Ce prince fit du despotisme avec bonhomie, bien qu'il ne pût supporter la vue d'une épée nue. *Maître Jacques*, comme l'appelait Henri IV, disait : *point d'évêques, point de roi* : il s'efforça pourtant de maintenir la paix entre les *Puritains*, les *Catholiques* et les *Presbytériens*.

1,605 Conspiration des Poudres, organisée par les Catholiques exaltés : les Jésuites sont proscrits. On voulait faire sauter le parlement. Jacques pacifie l'Irlande : il eut mieux gouverné sans ses favoris : Georges *Villiers*, créé duc de *Buckingham*, régna à sa place.

CHARLES Ier, marié à Henriette, fille de Henri IV.

1,625 — Ce prince était actif, ferme et de mœurs sévères : les circonstances lui devinrent funestes.

1,626 Le nouveau parlement met en accusation Buckingham : deux membres sont emprisonnés ; on casse l'assemblée ; on incarcère ceux qui refusent de payer l'emprunt forcé.

1,627 Buckingham soutient les Rochellois : il échoue.

1,628 Réunion d'un 5e parlement. On demande la diminution des taxes : le bourgeois *Hampden* est condamné par la *Chambre étoilée* à payer la nouvelle taxe.

1,637 La révolution est partout. Le roi veut soumettre l'Ecosse à la hiérarchie Anglicane : l'évêque faillit être lapidé à l'autel.

1,638 Les quatre ordres d'Ecosse signent un *Covenant* ou Ligue contre le papisme. Le culte anglican est aboli : Richelieu est l'âme de ces mouvements.

1,640 4e parlement : il est dissout. Les Ecossais prennent Newcastle. 5e parlement dit le *Long Parlement* parce qu'il fut prolongé.

1,641 Le comte de *Strafford*, ministre et favori, successeur de Buckingham, est condamné à mort : c'était un transfuge haï des Presbytériens. Le roi veut faire arrêter cinq membres des com-

1,642 munes ; il échoue et sort de Londres pour commencer la guerre civile. La reine demande un asile en France ; Richelieu lui fait répondre : *qui quitte sa place la perd*. Elle passe en Hollande, vend ses diamants et ses meubles et envoie des munitions.

1,643 Charles Ier est brave, mais le peuple est armé. Le roi, vainqueur à Bristol, est battu par *Fairfax* et *Cromwell* à Marston-Moor et à *Newbury* : il perd Yorck ; la reine se sauve en France (1644.)

1,644 Le roi perd la bataille de *Naseby*, près Nordtampton : ses papiers sont saisis ; il erre de ville en ville, de château en château, changeant de déguisements ; mais les Ecossais le livrent aux Anglais (1647.)

1,647 Olivier Cromwell prend Londres, licencie le parlement et le compose de soldats. Il favorise ensuite l'évasion du roi, puis le fait arrêter dans l'île de Wigth, et l'accuse de trahison.

1,648 Les Ecossais, honteux, lèvent 40 mille hommes : ils sont défaits par Cromwell à Preston. Fairfax transfère le roi à Windsor : la chambre des Communes est envahie par un régiment ; 150 membres Presbytériens sont exclus : les *Indépendants* ou *Puritains* régnent seuls dans la chambre : un bill déclare le roi coupable de haute trahison, pour avoir fait la guerre au peuple. Les pairs refusent d'approuver cette accusation : les communes se déclarent *pouvoir souverain*. L'infortuné Charles

Condamnation de Charles Ier.

Ier comparaît trois fois devant la chambre dont il décline la juridiction : il est condamné à 48 ans, par 70 votants : sa tête est tranchée par un homme masqué, devant son palais même de

1,649 Whitehall (1649, 30 janvier.)

RÉPUBLIQUE.

1,650 — La cour de justice proclame la RÉPUBLIQUE.
— Charles II, vaincu par Cromwell, se réfugie en France.

CROMWELL, Olivier né le 3 avril 1603, d'un père noble, est déclaré *Protecteur*.

1,653 — Cet usurpateur gouverna assez modérément pour un tyran. Il fit des traités avec la France : Mazarin le caressait ; et tandis que la veuve de Charles Ier, qui avait passé 9 fois l'Océan, vivait dans la misère à Paris, Mazarin offrait une de ses nièces au fils de Cromwell. Ce fanatique, le plus brave, le plus austère, le plus pieux des scélérats, eut l'art et la force de faire légitimer son usurpation.

1,658 Cromwell meurt d'une fièvre lente : ses funérailles sont magnifiques. Deux ans après, son corps, tiré de Westminster, est traîné sur la claie.

Richard Cromwell.

— Il est faible. Charles est soutenu par la cour de France : conduit par Monck, il entre à Londres où il est salué roi, le 6 juin 1660. Parlement *Croupion*. — Secte des Quakers.

CHARLES II.

1,660 — Ce prince, catholique porte une déclaration de tolérance qui mécontente les Protestants. Les Catholiques eux-mêmes veulent détrôner Charles II et proclamer le duc d'*Yorck*, son frère, attaché au catholicisme : le duc se retire en Hollande ; il

1,676 est exclu du trône. — En 1666, Londres est incendié.

1,678 On renouvelle la loi du *Test* ou serment par lequel on abjure le sacrifice de la messe et l'invocation des Saints.

1,679 Loi de l'*Habeas Corpus* (liberté individuelle.)

Torys et Whigs.

1,681 Désignation des partis : celui de la cour est appelé *Tory* (brigand, voleur en Irlande) ; celui du peuple *Whigs* (de *Whiggam*, mot que les charretiers écossais employaient en parlant à leurs chevaux.) Ces qualifications se sont conservées.

Le duc d'*Yorck* revient à Londres ; le parlement est cassé. Lord *Russel* et *Sydney* sont exécutés ; le comte d'*Essex* se tue dans sa prison : tout cela est l'œuvre du duc et du sanguinaire *Jefferyes* qui couvrent l'Angleterre d'échafauds.

JACQUES II, le dernier roi de la maison des Stuarts.

1,685 — Il succède à son frère Charles II, et protège les Catholiques, bien qu'il soit protestant. — *Montmouth*, se disant fils légitime de Charles II, est proclamé roi dans quelques villes : il est vendu, jugé et exécuté.

RÉVOLUTION appelée la Glorieuse

1,688 Les Protestants, persécutés, appellent *Guillaume III*, prince d'Orange, Stathoudert de Hollande, gendre de Jacques II : il débarque à Torbay, avec 500 vaisseaux et 15 mille hommes. Le parlement, formé en *Convention*, lui défère la couronne. *Jacques II*, abandonné par sa fille, la princesse *Anne* et l'ingrat *Marlborough* (Churchill), se retire en France. Louis XIV l'aide à débarquer en Irlande, où Jacques II échoue : il se retire dans l'abbaye de Saint-Germain.

GUILLAUME III, d'Orange-Nassau.

1,702 — La déclaration des droits est émise et acceptée par *Guillaume III* et la reine *Marie* : le gouvernement représentatif est établi tel qu'il existe aujourd'hui. Guillaume meurt en 1702.

ALLEMAGNE.

MATHIAS, empereur.

1,612 — Mathias veut être absolu. Les Bohémiens se révoltent ; le Luthérien Ernest de *Mansfeld* est à leur tête : ainsi commence

Guerre de 30 Ans.

1,618 la guerre de *Trente Ans*. Mathias meurt en 1619.

FERDINAND II, p.-fils de Ferdin. Ier.

1,619 — Elevé par les Jésuites, il effraie les Luthériens qui se révoltent. On pille les églises, on égorge les prêtres. Ferdinand marche contre Frédéric qui s'était fait élire roi de Bohême, et

1,620 triomphe sous les murs de Prague. Ferdinand est au comble de la joie : *Wollenstein* bat *Gabor* en Hongrie, et force Mansfeld à fuir en Italie ; mais Richelieu souffle le feu de la discorde, *Gustave Adolphe* fond sur l'Allemagne, défait Vallenstein et le vieux Tilly, et meurt en héros à Lutzen (16 novembre

1,632 1632.) — *Turenne et Condé*, victorieux à Nordlingue, font triompher les Protestants.

FERDINAND III.

1,637 — Il demande la paix ; elle est conclue à Munster, en 1648, et termine la guerre de *Trente Ans* : mais l'Allemagne, agitée, sécoue le joug de l'empire.

LÉOPOLDE Ier.

1,658 — Il succède à son père. Guerre de l'empire contre Louis XIV (1668.) — Les Turcs sont battus par Montécucolli, près du Saint-Gothard. — Le Grand Visir *Moustapha* assiège Vienne avec 200 mille hommes : l'empereur se sauve ; mais *Jean*

Sobieski.

1,683 *Sobieski*, roi de Pologne, délivre Vienne. Sobieski (Jean IIIe), fut l'un des plus grands capitaines du 17e s. Sa valeur lui valut le trône. Il épousa Marie-Casimir, fille de Henri, marquis de la Grange d'*Aarquien du Nivernais* : elle se retira à Blois où elle mourut en 1716, à l'âge de 77 ans.

1,687 La Hongrie devient héréditaire dans la maison d'Autriche.

1,699 Après 15 ans, les Turcs, vaincus à Zante, par le prince Eugène, font la paix à Carlowitz (1699.)

ESPAGNE.

PHILIPPE III.

1,598 — C'est le règne des favoris *Sandoval*, duc de Lerme et de *Calderon* : le clergé est fort puissant. 17 provinces des Pays-Bas se déclarent indépendantes : la Hollande et l'Angleterre triomphent dans l'Inde.

1,610 — 900 mille Maures sont chassés : ils se réfugient ou en France, ou dans les Alpuxares, ou dans l'Afrique.

PHILIPPE IV.

1,621 — Il se laisse gouverner par Gaspard *Gusman*, comte d'*Olivarès*, duc de Sancular. — l'infant Don Carlos est impoisonné à 26 ans. Philippe perd le Portugal, la Catalogne, l'Artois et le Rousillon.

CHARLES II,

1,665 — Il avait 4 ans : sa mère fut régente. C'est encore le règne des favoris et des incapables. — *Don Juan* d'Autriche, ennemi des favoris, est impoisonné en 1697.

1,680 — Charles II épouse Louise d'Orléans, nièce de Louis XIV.

1,699 — Mort du roi : il légua par son testament le trône d'Espagne à *Philippe*, duc d'Anjou, petit-fils de Louis XIV. Le comte d'Harcourt, homme habile, avait été envoyé par la France.

PORTUGAL.

PHILIPPE III.

1,598 — Ces deux princes règnent en même temps sur l'Espagne,

PHILIPPE IV.

1,621 au profit de laquelle ils exploitent le Portugal. Le commerce est ruiné, les colonies perdues, la noblesse écartée, le clergé appauvri : une telle oppression fit éclater une révolution.

JEAN IV le Fortuné, de la maison de Bragance.

1,640 *Jean IV, duc de Bragance*, prince indolent, avait épousé *Louise de Gusman*, femme courageuse : elle se met à la tête de la conjuration : 500 conjurés fondent sur le palais ; on égorge *Vasconcillas*, premier ministre, on prend la vice-reine et la forteresse : tout le Portugal se soumet, et les Espagnols sont chassés. Philippe IV n'en eut pas regret.

ALPHONSE VI,

1,656 — Fou et immoral, il mourut dans l'île de Terceire.

PIERRE II usurpateur.

1,683 — Le Portugal était déjà sous la tutelle de l'Angleterre : cependant le comte d'Ericeira, le Colbert du pays, retarda le monopole anglican. Pierre II chassa les Juifs.

ITALIE.

1,647 — Naples était sous le joug des rois d'Espagne : le pêcheur *Mazaniello* se met à la tête des révoltés au nombre de 150 mille : ce roi, devenu lui-même odieux par ses cruautés, est assassiné par les ordres du vice-roi.

HOLLANDE.

GUILLAUME III.

1,667 Louis XIV faisait la guerre à la Hollande : Guillaume III, prince d'Orange, se défendait : il est devenu roi d'Angleterre en 1688.

SUÈDE.

GUSTAVE-ADOLPHE.

1,611 — Fils de Charles IX, ce prince fut le héros de la ligue luthérienne : il fut tué à Lutzen en 1632.

CHRISTINE, fille de Gustave.

1,622 — Elle avait 5 ans. Cette reine fit fleurir les sciences et les arts : *Descartes* et *Grotius* étaient ses amis. Jalouse de la liberté, elle ne voulut pas se marier ; elle abdiqua en 1644, en faveur

CHARLES X.

1,645 de Charles Gustave, son cousin, de la maison des Deux-Ponts. Elle se fit chrétienne et mourut à Rome en 1689.

CHINE.

1,644 — Les Tartares-Mantchoux s'emparent de la Chine : ils mettent sur le trône la famille *Taitain*, qui est la 22e.

INDES.

1,665 — L'empire fondé par *Babor* était tombé ; *Auren-Zeb* le releva : il gouverna pendant 50 ans, après avoir enfermé son père dans une prison, et assasiné ses frères.

DÉCOUVERTES, *Inventions et Fondations*.

1,600 — Jean Nicot apporte en France la plante du tabac.
1,604 — Canal de Briare (Loiret.) Il fut commencé sous Henri II.
1,605 — Essais d'Olivier Serres sur le sucre de betteraves.
1,608 — Fondation de Quebec (Canada), par les Français.
1,615 — Construction du Luxembourg, par Brosse.
1,616 — Découverte de la Nouvelle-Hollande et du cap Horn.
1,628 — Première édition des marbres d'Arundel.
1,634 — Jardin des plantes, par Bouvard, et 1er méridien fixé à l'île de Fer.
1,635 — Fondation de l'Académie française, par Richelieu.
1,650 — Premier emploi de l'émétique et du quinquina.
1,653 — Chocolat introduit en France.
1,655 — Création du papier timbré.
1,656 — Café apporté en France, par Jean Thevenot.
1,661 — Château de Versailles, terminé en 1687.
1,670 — Invention de la bayonnette à Bayonne.
1,673 — Découverte du Mississipi et de la Louisiane, en 1679.
1,680 — Première chaire de droit public à Paris.
1,687 — Publication du système de Newton (attraction.)
1,690 — Invention des cartouches à balles.
1,693 — Institution de l'ordre militaire de Saint-Louis.

Troisième Race.

LOUIS XIV.

FRANCE.

Troisième époque. VIEILLESSE.

1,700 Louis XIV accepte le testament de Charles II, roi d'Espagne, qui appelle au trône *Philippe*, duc d'Anjou, 2e fils de Louis, Dauphin et d'une princesse de Bavière. *Il n'y a plus de Pyrénées*, disait le grand roi, en intronisant son petit-fils. Louis XIV reconnaît aussi comme prince de Galles le fils de Jacques II : il soutient à la fois les deux successions.

Guerre de la Succession.

1,701 Le roi avait 62 ans : tout avait vieilli avec lui ; Colbert et Louvois étaient morts (1691.) *Marlborough*, le bel Anglais, et *Eugène*, en Allemagne, luttaient contre la France. Le prince Eugène, cadet de la maison de Savoie, mais fils du comte de Soissons et d'une nièce de Mazarin, olympe de *Mancini*, naquit à Paris en 1663.

Le magnifique *Villeroi* succède à Catinat ; il se laisse prendre dans son lit, à Crémone, par Eugène, qui était descendu par un égoût.

Grands hommes.

Pascal. Corneille. Racine. Boileau. Molière. Regnard. La Fontaine. Arnaud. Larochefoucauld. Ménage. Dacier. Cousin. Fleury. Mézérai. Rollin. Santeuil. Sévigné. Deshouillières. Lafayette. Bourdalone. Fléchier. Bossuet. Massillon. Fénelon. Lebrun. Lesueur. Le Poussin. Perrault. Mansard. Lenôtre. Lulli. Quinaut. Newton. Milton. Cassini. Kepler.

1,703 Villars gagne sous les ordres de Catinat la bataille de Fridlingen : les soldats le proclament maréchal de France.

Les *Camisards*, Luthériens des Cevennes, se soulèvent : *plus d'impôts et liberté de conscience*, criaient-ils ! On envoie contre eux Villars et *Berwick*, le fils naturel de Jacques II.

1,704 L'homme au masque de fer meurt à la Bastille.

1,706 *Eugène* défait les Français à Turin, et leur enlève l'Italie : *Marlborough* les bat à Ramillies (Belgique) et les expulse des Pays-Bas-Espagnols.

1,709 Hiver meurtrier, famine, misère générale : Mme de Maintenon mange du pain bis. Le roi ne trouve plus à emprunter à 400 pour cent. L'Angleterre se ruine pour ruiner la France : on veut que Louis XIV détrône lui-même son petit-fils; il se met à la tête de sa noblesse, et, vieux, il marche à la frontière.

Malplaquet reste aux alliés qui perdent 30,000 hommes; les Français 8,000.

1,710 Vendôme, vainqueur à Villaviciosa, affermit Philippe V.

La duchesse de la Vallière, maîtresse du roi, meurt au couvent des Carmelites.

1,712 Villars surprend Eugène à Denain, le bat et sauve la France : Louis XIV était aux genoux de la Hollande.

1,713 Paix d'Utrecht. La France ne cède que quelques colonies : Philippe V est roi d'Espagne : on démolit le port de Dunkerque, que le roi avait acheté de Charles II.

1,715 Louis XIV meurt le 1er septembre, à l'âge de 77 ans : il ne lui restait qu'un petit-fils, Louis XV, et il laissait la France endettée de trois milliards.

Le siècle du grand roi présente à la pensée tout ce que la philosophie, les sciences et les arts offrent de plus brillant : il a fait prendre à la France une supériorité littéraire sur toutes les nations que rien ne peut lui ravir. Une foule d'hommes célèbres, dans tous les genres, *ont illustré ce siècle.*

68me Roi **LOUIS XV**, né le 15 fevrier 1710, fils du duc de Bourgogne et de Marie-Adelaïde de Savoie; marié le 5 septembre 1725, à Marie Leczinska, fille de Stanislas, roi de Pologne.

1,715 Louis XV, surnommé le *Bien-Aimé*, est aussi roi à cinq ans. Le parlement casse le testament du feu roi, et défère la régence absolue au duc d'Orléans; débauché, fort spirituel, mais insouciant des affaires. « Entre Louis-le-Grand » et Napoléon-le-Grand la France descendit sur une pente » rapide, au terme de laquelle, dit M. Michelet, la vieille » monarchie rencontrant le peuple, se brisa, et fit place à » l'ordre nouveau qui prévaut encore. Au point de départ, » au terme, apparaît la maison d'Orléans. »

1,715 Jean *Law*, né à Edimbourg en 1671, d'un père, coûtelier, condamné pour meutre à être pendu, vient en France, ouvre une banque, substitue les billets à l'argent, et les hypothèque sur les richesses coloniales d'un monde inconnu; il crée la compagnie du Mississipi qui fait banqueroute, et Law va mourir de misère à Vénise, en 1729.

Le cardinal *Albéroni* veut donner la régence de France au roi d'Espagne et rétablir Edouard le prétendant. La conspiration est découverte: la France, l'Angleterre, la Hollande et l'empereur forment une quadruple alliance, et font chasser le ministre Albéroni. Le régent et son ministre, le cardinal *Dubois*, né en 1656, à Brives-la-Gaillarde, d'un père, apothicaire, ne punirent personne.

1,723 Louis XV est proclamé roi. Le régent meurt le 12 décembre 1725 : il était I.er ministre.

1,726 L'abbé *Fleuri*, né à Lodève, précepteur du roi, est ministre à 70 ans : il fait succéder aux profusions une sage économie : il lança 70 lettres de cachet.

POLOGNE.

1,733 A la mort d'Auguste II, la guerre s'engage pour replacer *Stanislas*, beau-père de Louis XV, sur le trône de *Pologne* : la Russie soutenait Auguste III, électeur de Saxe : Fleuri n'envoie que 1,500 hommes; ils sont battus par 50,000 Russes. Stanislas perd le trône.

TOSCANE.

1,734 Villars fait capituler la citadelle de Milan; les Espagnols rétablissent l'infant Don Carlos en Sicile; Stanislas obtient la *Lorraine*; l'époux de Marie-Thérèse reçoit en échange de la Lorraine la *Toscane* comme fief de l'empire, le dernier des Médicis, Jean Gaston, étant mort sans postérité, en 1737.

Succession d'Autriche.

1,714 Marie-Thérèse, fille de Charles VI, voulait conserver l'empire. Elle avait épousé le duc François de Lorraine. La France avait fait élire empereur *Charles-Albert*, électeur de Bavière. Marie-Thérèse croyait sa cause perdue : *il ne me restera pas, disait-elle, une seule ville pour y faire mes couches*. Mais ses braves Hongrois la soutiennent; la Hollande et l'Angleterre s'arment contre la France, ainsi que Frédéric II, qui a obtenu la Silésie. Le maréchal de Belle-Isle fait une belle retraite : Marie-Térèse est victorieuse; l'électeur de Bavière meurt, alors *François I.er* est élu empereur d'Allemagne en 1745.

Bataille de Fontenoy.

1,745 Mais les Alliés poursuivent la France. Vainqueurs en Italie, les Français, sous le maréchal de *Saxe*, fils de Frédéric-Auguste I.er roi de Pologne, gagnent la célèbre bataille de *Fontenoy* (bourg à 2 lieues de Tournay), le 11 mai 1745 : ils étaient 90 mille contre 108. L'Irlandais, *Lalli-Tollandal*, entra le premier, l'épée à la main, dans la colonne anglaise. Maurice de Saxe, blessé, dit à Louis XV : *j'ai assez vécu : je ne désirais de vivre que pour voir V. M. victorieuse; le roi l'embrassa.*

Guerre de Sept Ans.

1,756 Prise de Mahon par le maréchal de Richelieu, né en 1696.

La France s'allie à l'Autriche contre la Prusse soutenue par William *Pitt*, qui voulait l'équilibre européen, la ruine des colonies françaises et espagnoles. Après plusieurs combats, Frédéric-le-Grand passe en Saxe, y trouve quatre armées, et veut se tuer, car il désespère de vaincre. Le maréchal de *Soubise* est attaqué et défait à *Rosback*, dans une déroute aussi complète que celle d'Iéna, 50 ans plus tard.

1,757 Damiens, né à Arras, frapppe le roi d'un coup de couteau.

1,762 Calas est condamné à Toulouse comme accusé d'avoir assassiné son fils qui s'était fait catholique.

1,766 Le lieutenant-général Lalli-Tollandal, gouverneur aux Indes, est accusé d'avoir livré Pondichéri aux Anglais; il est condamné à mort le 6 mai 1766, par le parlement. L'arrêt était injuste : Voltaire, qui commandait au siècle, l'attaqua; il fut cassé par arrêt du conseil, du 25 mai 1778.

1,768 Cession de la *Corse* à la France : Pascal *Paoli* s'y oppose.

Le duc *d'Aiguillon*, gouverneur de Bretagne, se conduit arbitrairement : il est dénoncé par le procureur-général *Lachalatais*. Le parlement de Bretagne condamne le duc, qui en appelle à celui de Paris. *Maupeou*, chancelier, allié du duc, casse le parlement et met des créatures à la place des juges, qu'on trouvait trop intègres : alors tout était permis. L'abbé *Terray* faisait banqueroute : les abus scandaleux se multipliaient; et, au sein de cette corruption

1,774 sociale, Louis XV, dominé par la marquise de *Pompadour*, et ensuite par la comtesse *Dubarry*, mourait à Paris de la petite-verole, le 10 mai 1774.

69me Roi **LOUIS XVI**, duc de Berri, né le 23 août 1754, de Louis, Dauphin, fils de Louis XV; marié le 16 mai 1770, à Marie-Antoinette de Lorraine, archiduchesse d'Autriche; sacré à Reims, le 11 juin 1775, Décapité à Paris, le 21 janvier 1793.

1,774 —Ce prince héritait des désordres du dernier règne. On avait conçu de tristes présages lors de son mariage, où plus de 4,000 personnes périrent sur la place Louis XVI. Cependant l'avènement d'un roi juste et bon avait rendu au pays un immense espoir. Mais Louis XVI, avec des mœurs et des intentions pures, se laissa dominer par une cour qui ne voulait point voir qu'une grande révolution morale s'étant opérée, il ne fallait plus que la diriger.

Entraîné par le grand mouvement social qui devait changer la face de l'Europe, l'infortuné Monarque a succombé... Sa mort a livré la France aux désastres sanglants d'une révolution qui l'a bouleversée, et dont 47 années ont à peine fermé l'abîme.

Louis XVI supprime le droit de joyeux avènement; rappelle l'ancien parlement; s'efforce de réprimer le luxe excessif de la cour, et abolit la question : il choisit pour ministres *Malesherbe* et *Turgot*, hommes unissant de grands talents à de grandes vertus ; mais ils parlent économie, et sont mis de côté par le parlement et la noblesse.

1,778 Mort de Voltaire le 30 mai, à Paris, et de J.-J. Rousseau, le 2 juillet, à Ermenonville, chez M. de Girardin.

Indépendance de l'Amérique.

Franklin se rend à Versailles et décide la cour de France à s'allier aux Américains soulevés contre le joug anglais. La guerre éclate ; on gagne la bataille navale d'Ouessant sur les Anglais, et la France reconnaît l'indépendance des *Etats-Unis* (1778.)

1,781 *Necker* succède à Turgot. Son compte-rendu fait du bruit ; mais on revient aux moyens proposés par Turgot, *l'économie, l'égalité d'impôt*, et Necker succombe : il est remplacé par le courtisan *Calonne* qui s'enfonce gaîment dans la ruine et se voit contraint d'assembler les *Notables*, qui, deux fois réunis, ne décidèrent rien, si ce n'est la double

1,787 représentation du *tiers-Etat*.— Les Etats-généraux furent assemblés le 5 mai 1789. *(Voir le dernier Tableau.)*

ANGLETERRE.

ANNE STUART, fille de Jacques II et d'Anne Hyde, fille du célèbre Clarendon.

1,702 — Elle était protestante et favorisait les Torys : elle avait épousé le prince Georges de Danemarck.

1,704 L'Ecosse et l'Angleterre n'ont plus qu'un seul parlement. Anne continue la guerre pour la succession d'Espagne : son favori est son général, *Marlborough* la seconde ; mais il fut disgracié en 1710.

1,714 Mort d'Anne : elle venait de mettre à prix la tête de son frère, le 1er prétendant. A ce règne finit la maison des Stuarts.

GEORGES Ier, arrière-petit-fils de Jacques Ier, *de la Maison de Brunswick Hanôvre.*

1,714 — Le prétendant, Jacques III, est proclamé en Ecosse; il est défait. *Walpole* est assez habile pour se maintenir quinze ans au ministère : il se vantait d'avoir dans sa bourse la majorité du parlement.

GEORGES II.

1,727 Il est battu à Fontenoy. Le duc de Cumberland, frère du roi, défait à Culloden (Ecosse), le second prétendant, *Charles-Edouard*, né à Rome, le 31 décembre 1720, de Jacques III Stuart et de la fille de Jean Sobieski, roi de Pologne.

GEORGES III, tombé en démence en 1810. Le parlement déféra la régence à son fils qui fut Georges IV.

1,760 — Il régna 60 ans.— La France cède aux Anglais beaucoup de colonies. La dette publique s'augmente avec rapidité. *Pitt*, génie ardent et vaste, dirige la grande Bretagne qui lui doit tout son éclat. Le roi le nomme lord *Chatam* et le disgracie.

1,789 Georges III se déclare contre la révolution française, à laquelle Pitt suscite des ennemis partout. Cette guerre cruelle, malgré les ministres *Fox* et *Shéridan*, se fit jusqu'à la paix d'Amiens, en 1801. Cette paix dura 18 mois.

ALLEMAGNE.

JOSEPH I.er 1,705 — Ne fait rien de remarquable.

CHARLES VI. 1,711 — Il publie la *pragmatique-Sanction*, loi par laquelle il déclare la succession autrichienne indivisible, et substitue les filles aux mâles, pour assurer le trône à sa fille Marie-Thérèse, au détriment des princes qui y avaient des droits. Ce fut la cause de la guerre de la succession. (*Voir la France.*)

FRANÇOIS I.er Marie à Marie-Thérèse. 1,745 — Ici commence la maison *Austro-Lorraine*. François Ier fait alliance avec les Russes pour se venger de Frédéric II, qui soutient seul la guerre de Sept Ans.

JOSEPH II. 1,765 — Il s'occupe de réforme et publie des réglements minutieux sur les cérémonies de l'église : le Grand-Frédéric l'appelait *mon frère le Sacristain*. Cet empereur prépara, de concert avec Cathérine II, de Russie, le premier partage de la Pologne (1773.)

LÉOPOLD II. 1,790 — La Belgique, abandonnée par l'assemblée constituante, se soumet à l'empereur.

Coalition de *Pilnitz* contre la France (27 août 1791.)

FRANÇOIS II. 1,792 — Ce prince manifeste une haine plus active contre la révolution française; il est vaincu à Valmi, à Jemmapes et à Fleurus.

PRUSSE.

— Le 18e siècle a vu la Prusse naître et grandir. En 1660, le duc Frédéric-Guillaume obtint le duché de Prusse. Frédéric Ier lui succéda en 1668. Faible, superstitieux, prodigue et vain, il fut reconnu Roi par l'empereur Léopold, en 1701.

FRÉDÉRIC I.er 1,701

FRÉDÉRIC-GUILLAUME Ier. 1,713 — Il succède à son père et fonde Potsdam. Avare comme son père, il avait des trésors et une armée; il s'en servit bien : il conquit la Silésie (*voir la France.*) Ce roi, bel esprit, correspondant avec Voltaire, méprisait la marquise de Pompadour. Il mourut en 1786, laissant à son neveu un pays peuplé de soldats et 80 millions.

FRÉDÉRIC II, Dit le-Grand. 1,740

FRÉDÉRIC-GUILLAUME II. 1,786 — Ce souverain agit, de concert avec l'Autriche et la Russie, contre la France, et fut souvent battu.

POLOGNE.

Ce qui perdit la Pologne ce fut son gouvernement électif.

Ier Partage. 1,774 En 1774, la Russie et la Prusse signent un traité de partage de la Pologne, et cet acte odieux s'accomplit sous les yeux de l'Europe.

2e Partage. 1,793 Trahie par la Prusse et par son roi, Stanislas-Auguste *Poniatowski*, la Pologne est encore démembrée au profit de la Russie, de la Prusse et de l'Autriche. Le neveu du roi et *Kosciuszko*, déjà célèbre en Amérique, font des efforts inutiles. L'impératrice Cathérine II se couvre de honte.

3e Partage. 1,795 Par les artifices de Catherine, de la Prusse et de l'Autriche, le 3e partage fut consommé : la république était anéantie, et les Polonais, qui s'étaient les plus montrés, furent exilés en Sibérie; et l'Europe, par son impassibilité même, sanctionnait ce grand acte d'iniquité.

SUÈDE.

CHARLES XII. 1,697 — Il succède à son père Charles XI, à l'age de 15 ans. Le Danemarck, la Pologne, la Russie l'attaquent à la fois. Charles force le Danemarck à faire la paix; il défait Pierre Ier à *Narva* (1770); détrône en 1704 Auguste Ier, roi de Pologne, et fait élire à sa place Stanislas *Leczcinski*. Charles XII entre dans l'Ukraine et est vaincu à *Pultava*, en 1709 : il se sauve à Bender, puis en Turquie; le Sultan, *Achmet III*, déclare la guerre à la Russie; Charles XII commande; vaincu, il fuit déguisé à Stralsund et se fait tuer au siége de Frédérickshall, en Norwège.

ULRIQUE, Sœur de Charles. 1,718 — Elle était faible : la France et la Russie veulent gouverner; il y eut deux partis: la faction des *Chapeaux* pour la France, et celle des *Bonnets* pour la Russie. — Frédéric Ier et Frédéric II succèdent à Ulrique.

GUSTAVE III. 1,792 — Il était en France à la mort de son père : il veut maintenir l'autorité royale contre celle du sénat : il est assassiné dans un bal, par un gentil homme, au moment où il se disposait à venir détruire la révolution française.

RUSSIE.

Maison Romanof. — Depuis 1613, la Russie est gouvernée par cette maison.

PIERRE I.er, Empereur. 1,721 Pierre Ier, fils d'Alexis, détruit les Jannissaires, discipline les troupes, prend Asof aux Turcs, voyage en Allemagne, en Hollande, passe en Angleterre où il recrute des marins : ce prince protége les sciences et les arts, adoucit les mœurs et fonde Saint-Pétersbourg. Il fit la guerre à Charles XII : il fit mourir son fils Alexis. Pierre-le-Grand fut czar en 1696, puis empereur en 1721, : il mourut en 1725,

CATHERINE I.re, Fille d'un aubergiste de Livonie. 1,725 — La veuve de Pierre Ier, aidée de *Menzicoff*, achève les entreprises de son mari. *Pierre II* lui succède en 1727 : il exile le favori. — *Anne*, sa fille en 1730, forme une alliance avec Thomas *Koulikan*. *Elisabeth*, sa sœur, en 1741, eut un règne glorieux : elle s'unit avec la France dans la guerre de Sept Ans. — En 1762, *Pierre III*, admirateur de Frédéric II, fait la paix avec lui : méprisant les Russes, il fut assassiné dans sa prison, par Alexis *Orlof*, favori de *Catherine II*, dont le règne fut brillant. Cette princesse

CATHERINE II, Fille du prince Christian-Auguste, née à Steltin, en 1729. 1,762 porte ses armes victorieuses jusqu'à la mer Noire; elle veut établir le siége de son empire à Constantinople : elle correspondait avec Voltaire. *Paul* Ier lui succéda en 1796.

ESPAGNE.

Maison de Bourbon.

PHILIPPE V. 1,700 — La victoire de Villaviciosa (1710), l'affermit sur le trône; mais le traité d'Utrecht (1713), démembre ainsi la monarchie espagnole en faveur des prétendants :

1° La maison de Bourbon conserve l'espagne et les colonies;

2° La maison d'Autriche reçoit les Pays-Bas (Belgique), le Milanais, Naples et la Sardaigne;

3° La Savoie obtient la Sicile;

4° L'Angleterre, Gibraltar, Minorque, Terre-Neuve;

5° La Hollande, une barrière de places fortes pour la garantir contre la France.

L'électeur de Brandebourg (Prusse) est reconnu roi.

1,712 Philippe V avait établi, du consentement des Cortès, le même ordre de succession qui existait en France (loi salique.) Les femmes ne pouvaient régner qu'au défaut de tous les mâles de la ligne de Philippe.

1,718 Le cardinal Albéroni, débarassé de Mme des Ursins, favorite du roi, gouverne l'espagne; mais ce ministre est bientôt disgracié : il est conduit en Italie par les Français.

LOUIS I.er 1,724 — Philippe V ne ralentit point les persécutions religieuses : l'inquisition était puissante. Ce roi mélancolique abdique en faveur de son fils qui meurt quelques mois après: Philippe V reprend les rênes du gouvernement (1724): il fit la conquête de la Sicile et bâtit le palais de la *Granja*.

FERDINAND VI. 1,746 — Il gouverne avec sagesse : il accède au traité d'Aix-la-Chapelle, ferme les plaies de l'état, fait fleurir les sciences et les arts. Il eut pour ministre le chanteur *Farinelli*: Ferdinand VI meurt sans postérité.

CHARLES III, roi des deux Siciles et frère de Ferdinand. 1,759 — Il prend part à la guerre contre l'Angleterre qui se termina en 1726, et ensuite à la cause de l'indépendance américaine (1777.) C'est sous ce règne qu'eut lieu l'expulsion des jésuites (le pape Clément XIV avait supprimé l'ordre par un bref du 21 juillet 1773.)

CHARLES IV, fils du précédent. 1,788 — Ce prince n'aimait que la chasse : il abandonne le gouvernement à sa femme et à ses favoris. *Manuel Godoy*, barbier, devient ministre, duc d'Alcadie et prince de la paix : c'était un homme incapable; sous lui tout devient

1,795 vénal. Le roi renonce à la partie espagnole de Saint-Domingue. — Charles IV, qui avait suivi la politique des Etats voisins contre la France, est forcé de faire la paix.

PORTUGAL.

JEAN V. 1,706 — Ce prince ne fait rien de remarquable.

JOSEPH Ier. 1,750 — Le ministre Pombal bannit les Jésuites. Tremblement de terre de Lisbonne, en 1755. Joseph est assassiné en 1779, laissant le trône aux faibles mains d'une femme et d'un prince.

PIERRE III et MARIE. 1,777 La reine, Marie-Françoise-Isabelle, épousa Pierre III, son oncle, pour conserver la couronne dans la maison de *Bragance* :

MARIE SEULE. 1,786 à sa mort, elle régna seule; mais en 1792, devenue inhabile aux

JEAN VI, régent. 1,792 affaires, Marie fut remplacée par Jean VI, prince du Brésil, sous le titre de régent, jusqu'à la mort de sa mère, en 1816.

ITALIE. 1,706 — Echue à l'Espagne, elle fut gouvernée par des vice-rois jusqu'en 1706, époque où, enlevée par les Anglais, elle fut donnée à l'archiduc Charles. Onze ans après, elle fut reconquise à Philippe V, par le cardinal Albéroni. En 1720, elle fut consignée

SARDAIGNE. au roi de Sicile et de Savoie, *Victor Amédée II*, par le prince d'Ottaïano, qui l'avait reçue des Espagnols, au nom de Charles VI. Depuis, la *Sardaigne* a été érigée en royaume avec la *Savoie*, le *Piémont* et le *Montferrat*. Le règne de *Victor Amédée III*, (1773 à 1796), est remarquable par la lutte impuissante de ce prince contre la république française dont il devint l'allié.

Eglise. 1,791 — Le pape *Pie VI* prend part à la première coalition contre la France. *Augereau* marche sur Rome. Le 28 décembre 1797, une émeute s'élève dans la ville contre l'ambassadeur *Joseph Bonaparte*. Le général *Berthier* entre le 17 février 1798, et proclame la *république romaine*. Le pape, conduit en France, meurt à Valence, le 27 août 1799.

AMERIQE.

Indépendance reconnue par l'Angleterre, le 3 septembre 1783. 1,765 — Lord Granville publie en 1765 l'acte du timbre : le peuple se soulève. Un congrès, réuni à New-Yorck, proclame une déclaration des droits de l'homme. *Francklin* est chef de l'opposition : Boston s'insurge le 5 septembre 1774; on convoque un *Congrès national*. Les hostilités commencent par le combat de Lexington et finissent par la défaite du général *Cornwalis*, battu par *Wasingthon*. Delafayette, Rochambeau, de Suffren, d'Estoing, soutenus par Louis XVI, partent de France avec une

1,778 escadre de 12 vaisseaux, pour défendre la liberté américaine.

RÉVOLUTION DE SAINT-DOMINGUE.

Indépendance des Noirs. Les Noirs, esclaves, excités par les Mulâtres, se soulèvent contre la domination des Blancs.

1,783 Après l'incendie du Cap, en 1783, la liberté des Nègres est proclamée. Les Blancs quittent Saint-Domingue en 1798, où dominent les Nègres sous la conduite de *Toussaint-Louverture*, de *Christophe*, etc.

ASIE.

THOMAS-KOULIKAN. 1,717 — Le Pâtre, *Thomas-Kouli-kan*, chef de Brigands, bat les *Afghans*, pénètre dans l'Inde en 1759, et détrône le *Grand-Mogol*. Il fait la paix avec les Turcs en 1746, et est assassiné par les chefs de son armée, le 11 juillet 1754.

TIPPOO-SAEB. 1,799 *Tippoo-Saëb*, Sultan de Mysore, défend ses Etats contre les Anglais alliés aux Marrhates: sa capitale, Séringapatnam, est prise d'assaut, le 4 mai 1797, et *Tippoo* meurt sur la brèche.

Découvertes, Inventions et Fondations.

1,706 — Découverte des ruines de la ville d'Herculanum, englontie par l'éruption du Vésuve, de l'an 79 de J.-C.

1,721 — Ire épreuve de l'inoculation en Angleterre.

1,718 — Ire manufacture de fer-blanc en France.

1,731 — Foudation de l'académie de chirurgie.

1,733 — Mesure d'un degré du méridien, sous Quito et sous Tornea.

1,740 — Ire exposition de tableaux dans une salle du Louvre.

1,740 — L'amiral Anson double le cap Horn; — Microscope solaire.

1.750 — Découverte des ruines de Pompéia; — Construction de l'église Sainte-Geneviève (Panthéon.)

1,751 — Ecole militaire; — 1753, Paratonnerre inventé par Franklin.

1,762 — Ecole vétérinaire; — 1766, Reverbères; — Porcelaine.

— Hôtel des monnaies; — 1774, Ecole de médcine; — 1776, Loterie royale; — Institution des sourds-muets, par l'Abbé de l'Epée; — 1777, Mont-de-Piété; — 1781, Planète d'Herschel; — 1783, Aérostats; — 1789, Publication du Ier n° du Moniteur; — 1790, Télégraphe, par Chappe; — Cour de cassation; — Poids et mesures uniformes; — Panoramas; — 1791, La guillotine; — 6 octobre 1793, Calendrier républicain. 30 octobre 1794, École Normale; — 21 mars 1795, Ecole Polytechnique; — 1795, Institut de France; — 1796, Lithographie.

FRANCE.

Consulat.

1,800 — Bonaparte marche sur l'Italie, où il écrase l'*Autriche* à la bataille de *Marengo* (24 juin), le jour où *Kléber*, qui avait battu les Turcs à Héliopolis, pacifié le Caire, fut assassiné par *Souley-Man*. *Dessaix* le Vertueux périt à Marengo. *Que ne m'est-il pas permis de pleurer*, disait le 1er Consul!

24 décembre. Explosion de la machine infernale de la rue St.-Nicaise : 50 personnes furent mutilées et 17 périrent.

Moreau, qui avait triomphé le 3 décembre, à *Hohenlinden*, s'avance sur Vienne. L'empereur *François II* sollicite
1,801 la paix : elle est conclue à Lunéville, le 9 février. Ce traité étendait la France du Rhin aux Alpes.

Religion rétablie.

15 *juillet*. Concordat avec le pape Pie VII.

1,802 *25 mars*. Paix d'Amiens entre la France, l'Espagne et l'Angleterre : elle dura 18 mois.

1,803 8 *mai*. Bonaparte est nommé Consul pour dix ans, puis à vie le 2 août. En 1803, le 26 février, il fait demander à *Louis XVIII* la cession de ses droits au trône : il en essuye un refus humiliant.

3 *avril*. La France cède la *Louisiane* aux Etats-Unis.

13-20 mai. Rupture de la paix d'Amiens. *Les Anglais veulent la guerre*, dit Bonaparte : *malheur à ceux qui ne respectent pas les traités!* Les hostilités sont reprises, et le 20 novembre, le 1er Consul visite le camp de Boulogne, pour une descente en Angleterre.

1,804 *28 février*. Conjuration et arrestation de Pichegru, Cadoudal, Moreau, etc., qui voulaient rétablir les Bourbons.

Dynastie Napoléonienne.

21 mars. Le duc d'*Enghein*, résidant à Etteinheim (grand duché de Bade), est arrêté dans la nuit du 15 au 16 mars. Arrivé le 20 à Vincennes, il y est jugé par une commission militaire présidée par le général *Hulin*. Condamné à mort à l'unanimité, le petit-fils du grand *Condé* est exécuté le 21, dans les fossés : le prince avait commandé le feu.

70me Roi
NAPOLÉON
Le Grand,
né le 15 août 1769, à Ajaccio, de Charles Bonaparte et de Letizia Ramolini; marié le 9 mars 1796, à la veuve *Beauharnais*, Joséphine Tascher de la Pagerie; et le 1er avril 1810, à *Marie-Louise* d'Autriche; mort le 4 mai 1821, à l'île Sainte-Hélène.

Napoléon a été sacré empereur le 2 décembre 1804, par le pape Pie VII, et couronné roi d'Italie, à Milan, le 26 mai 1805. Son beau-fils, *Eugène Beauharnais*, a été nommé vice roi d'Italie le 8 juin suivant.

EMPIRE FRANÇAIS.

1,804 — Les victoires de *Bonaparte*, ses routes, ses canaux, ses ports, les établissements de tous genres dont il dotait la France, l'appelaient à de plus hautes destinées. Le 30 avril 1804, le tribun *Curée* propose de l'élever à la dignité impériale, héréditaire dans sa famille: *Carnot* seul s'y oppose. La proposition passe le 2 mai, au corps législatif, et le 18, le Sénat rend le sénatus-consulte organique. Bonaparte répond au consul *Cambacérès* : « J'accepte le titre que vous » croyez utile à la gloire de la nation ; tout ce qui peut con» tribuer au bien de la patrie est essentiellement lié à mon » bonheur. » Le 2 mai il est proclamé *empereur* sous le nom de *Napoléon* 1er.

10 *juin*. Georges *Cadoudal*, condamné à mort, est exécuté : *Pichegru* s'était étranglé dans sa prison; *Moreau* sut nier et se sauva de la mort. Napoléon dit à Mme de Polignac: *Je puis pardonner à votre mari, car c'est à ma vie qu'il en voulait.*

3e Coalition.

1,805 22 *juillet*. Défaite de l'amiral Villeneuve au cap Finistère. Napoléon renonce à débarquer en Angleterre.

8 *septembre*. Les Autrichiens entrent en Bavière; la guerre de la 3me coalition est commencée. Le 20 octobre, Napoléon prend Ulm et 40,000 hommes; il entre le 24 à Munich. Mais le 21 la marine française avait été détruite au combat du cap *Trafalgar*, (Espagne) et laissait l'empire des mers aux Anglais. L'amiral anglais, *Nelson*, fut tué.

13 *novembre*. *Murat* entre à Vienne, et Napoléon le 14. Le 28, le maréchal *Davoust* entre à Presbourg : toute l'Allemagne est envahie. Le 2 décembre, les Russes perdent 45,000 hommes à *Austerlitz* (Moravie), et la paix se signe à Presbourg : l'Autriche perd Venise et la Dalmatie. C'est au château impérial de *Schœnbrunn* que Napoléon crée les royaumes de *Bavière*, de *Wurtemberg*, de *Saxe* (1er janvier
1,806 1806); qu'il fait son frère, *Joseph*, roi de Naples (30 mars); son frère, *Louis*, roi de Hollande (5 juin). Le vieil empire d'Allemagne est dissout; et, le 6 août, *François II* prend simplement le titre d'*empereur d'Autriche*. Pendant ce temps *Masséna*, l'enfant chéri de la victoire, répétait en Italie les triomphes de Napoléon en Allemagne.

Paix de Presbourg.

4e Coalition.

Jalouses aussi bien qu'humiliées de la grandeur et de la prospérité de la France, les puissances forment une 4e coalition : elle est vaincue à Iéna (Saxe-Weimar), le 14 octobre. Le 27, Napoléon entre à Berlin; le 19, toute la Prusse est occupée; mais l'empereur *Alexandre* déclare la guerre à la France, et Napoléon entre le 19 décembre à Varsovie.

1,807 Après le combat d'*Eylau* (8 février), la prise de *Dantzig* par le maréchal *Lefebvre* (24 février); la Prusse et la Russie sont, le 14 juin, en pleine déroute à *Friedland*. La paix se signe à *Tilsit*, le 19 juin. Napoléon achette l'engagement au blocus continental par le morcellement de la Pologne.

Paix de Tilsit.

— *7 juillet*. Jérôme Bonaparte est roi de Westphalie.

La fortune de Napoléon est éclatante : l'Univers, étonné de ses triomphes rapides, s'incline devant sa puissance colossale. La France, enchaînée, est éblouie par l'éclat de tant de victoires. Les généraux républicains sont chamarrés de cordons; les émigrés peuplent les antichambres du maître, et les prêtres annoncent en chaire qu'il a une mission divine.

PORTUGAL.

De toute l'Europe, le *Portugal* seul tient pour les Anglais; mais *Junot* occupe Lisbonne le 1er décembre. *La maison de Bragance a cessé de régner en Europe*, dit Bonaparte.

Guerre d'Espagne.

1,808 Les intrigues haineuses de la famille d'*Espagne* livrent ce trône à Napoléon. *Charles IV* abdique le 19 mars. Son fils, *Ferdinand VII*, quitte Madrid le 10 avril et se rend à Bayonne le 14, où il trouve Bonaparte. Le père, le fils et les infants, pris dans un guet-à-pens, renoncent au trône d'Espagne ; et le 6 juin Napoléon proclame son frère, *Joseph*, roi d'Espagne et des Indes : il envoie son beau-frère, *Murat*, régner à Naples. Mais la nation espagnole, soutenue par l'Angleterre, se souleva d'un bout à l'autre. Cette guerre d'extermination dévora 100 mille français.

1,809 Tandis que Napoléon lutte contre le patriotisme Espagnol, l'Allemagne, travaillée par l'Angleterre, se prépare encore à la guerre. On y détestait le système continental, et des Sociétés secrètes, les *Fédérés de la Vertu*, fondées en Prusse, ralliaient à un centre commun les ennemis de la France. L'Autriche et la Prusse reprennent donc l'offensive : la Russie feint d'être neutre.

5e Coalition.

13 *avril*. Napoléon part pour combattre la 5e coalition. Le 22, le maréchal *Davoust* gagne la bataille d'*Eckmuhl*; Ratisbonne est pris le 23, et *Vienne* capitule le 13 mai. Le 22, on gagne la bataille d'Essling où périt le duc de *Montebello*; le 6 juillet, Napoléon gagne la bataille de *Wagram*; la paix se fait le 14 à Vienne, et la main de l'archiduchesse *Marie-Louise* est accordée au vainqueur. Le mariage avec *Joséphine* fut dissout le 16 décembre.

Traité de Vienne.

1,810 Tandis que la guerre, suspendue en Allemagne, se continue dans la Péninsule, le roi de Hollande viole lui-même le *blocus* : il est contraint d'abdiquer le trône; et le 9 juillet, *Amsterdam* est déclaré troisième ville de l'Empire.

Naissance De Napoléon II.

1,811 *20 mars*. Marie-Louise accouche d'un fils. *C'est un roi de Rome qui vient de naître*, dit Napoléon, en ouvrant la porte du salon où les courtisans attendaient comme les destinées de la France!

1,812 — Les Etats-Romains étaient réunis à l'Empire depuis le 17 mai 1809. Le pape *Pie VII*, chassé, fut forcé de venir à Fontainebleau (19 juin.)

Guerre de Russie.

La Russie viole aussi le blocus, et Napoléon lui déclare la guerre. Le 23 juin, il passe le Niémen avec 400,000 hommes; les forces russes dépassaient 300,000. Le 24 juin, l'armée entre à Wilna ; le 28, la diète de Varsovie déclare le royaume de *Pologne* rétabli.

Napoléon s'avance dans le cœur de la Russie, et entre victorieux, le 14 octobre, à *Moscou*, qui est en feu le 16. Napoléon désire la paix; mais il est joué : alors il commence sa retraite le 19 oct., avec 20 degrés de froid : le 17, on évacua *Smolensk*. Cette vieille armée, victorieuse des nations, succombe sous l'influence d'un climat d'airain. La retraite, faite sans ordre, devient une déroute au passage de la *Bérésina*, les 26, 27 et 28 novembre (28 deg. au-dessous de 0) Napoléon laisse le commandement à son beau-frère *Murat*, et arrive à Paris pour déjouer la conspiration de *Mallet*.

6e Coalition.

1,813 — Une nouvelle campagne va s'ouvrir: en vain Napoléon y déploiera toutes les ressources de son génie : il doit succomber malgré les nouvelles troupes mises à sa disposition par un sénat complaisant! malgré les gardes d'honneur et les cohortes urbaines!

Le 6 *mars*. La Prusse s'allie avec la Russie : le 15 avril, Napoléon vole en Allemagne. Après des efforts inouis de courage à *Dresde* (28 août); à *Leipsick* (18 oct.), le vainqueur des nations ne peut résister à la défection de l'Europe entière.

1,814 — L'ennemi entre en France; Napoléon lutte avec une poignée d'hommes contre des forces immenses et contre la trahison de ceux qu'il avait tirés de l'obscurité. Le 31 mars, Paris est livré aux étrangers!

Campagne de France.

2 avril. Le sénat proclame la déchéance de l'Empereur qui abdique le 4, en faveur de son fils. Le 5, *Marmont*, par suite de la convention conclue à Chevilly (Oise), abandonne Essone et fait sa soumission. Napoléon, en apprenant cette nouvelle, dit : *l'ingrat! il sera plus malheureux que moi!*

Le 10 *avril*. Le maréchal *Soult* bat les Anglais à Toulouse : le 11, Napoléon abdique de nouveau: le 12, le comte d'*Artois* entre à Paris, et le 20, Bonaparte part pour l'île d'*Elbe*. Il fait ses adieux à sa garde à Fontainebleau, embrasse les aigles et le général *Petit*.

BOURBONS.

1re RESTAURATION.

Avec les Bourbons finissait la guerre, et la France était sauvée de l'anarchie qui la menaçait. *Il n'y a rien de changé en France*, dit en entrant le *comte d'Artois*, *il n'y a qu'un Français de plus*. Ce mot heureux annonçait que les princes de cette antique Maison royale étaient animés des meilleures intentions. Mais il y avait une lutte à soutenir entre l'ancien et le nouveau régime : la révolution avait tout remué, tout déplacé; deux partis étaient donc en présence avec leurs préjugés, leurs intérêts et leurs passions. Lequel cédera à l'autre? De 1814 à 1830 ça n'a été qu'un combat continuel, incessant : il a fini par la chute de la Branche aînée de la maison de Bourbon!

71me Roi
LOUIS XVIII
Le Désiré,
Veuf de Marie-Joséphine-Louise de Savoie : il n'a pas été sacré.

1,814 — Le 3 mai, Louis XVIII entre à Paris : le 4 juin, la *Charte octroyée* est proclamée.

8e *application de la loi Salique.*

1,815 Tandis que les rois alliés, rassemblés à Vienne, partageaient l'Europe, *Napoléon* quitte l'île d'*Elbe* le 26 février; débarque au golfe Juan, près Canne (Var), le 1er mars; entre à Grenoble le 7; à Lyon le 10, et arrive le 20 à Paris. Dans la nuit du 19, Louis XVIII était parti pour Gand.

Cent-Jours.

7e Coalition.

25 mars. Au congrès de Vienne, le prince Talleyrand décide les souverains à une 7e coalition contre la France.

22 avril. Acte additionnel aux constitutions de l'empire.
1er juin. Assemblée du Champ de Mai. Le 12, Napoléon part pour l'armée; le 15, les hostilités commencent : prise de Charleroy. — Le 16, Blucher est battu à Ligny.

Défaite de Waterloo.

18 *juin*. Les Français, bien inférieurs en nombre, firent des prodiges de valeur. Des lâches ou des traîtres crient : *sauve qui peut*, et l'armée est en pleine déroute, laissant le champ de bataille *à Wellingthon et à Blucher*. Le Léonidas Français, le général *Cambronne*, à la tête des vaillants bataillons de la garde, répond aux Anglais qui leur crient de se rendre : *La garde meurt et ne se rend pas!*

22 *janvier*. Napoléon abdique en faveur de son fils.

23, Gouvernement provisoire présidé par *Fouché*.

26, Pacification de la Vendée.

6 *juillet*. Les armées étrangères entrent à Paris.

2e RESTAURATION.

8, Louis XVIII rentre à Paris, et Napoléon écrit le 13 au prince régent d'Angleterre : *je viens, comme Thémistocle, m'asseoir au foyer du peuple Britannique*. Il est transféré le 6 août, abord du Northumberland, à l'île de *Sainte-Hélène*, où il débarque le 17 octobre.

2 *août*. Le maréchal Brune est assassiné à Avignon.

20 *novembre*. Traité de Paris, qui fixe les limites de France et la frappe d'une contribution de 700 millions, indépendante de l'entretien de 150,000 étrangers.

7 *décembre*. Condamné par la chambre des pairs, le maréchal *Ney*, le brave des braves, est fusillé.

1,816 5 *sept*. Ordonnance qui dissout la chambre *Introuvable*. Suppression des cours prévôtales.— Système modéré.

1,818 Evacuation de la France par les étrangers.

1,820 13 *février*. *Louvel* assassine le duc de *Berri* ; le ministère *Decazes* est renversé ; la liberté individuelle et celle de la presse sont suspendues.— Les *libéraux* sont inquiétés.— Le double vote et la censure sont établis.

1,822 Ministère Villèle.— Exécution du général *Berton*, de *Caron* et des quatre sergents de la Rochelle. *Toutes les puissances oratoires ne les sauveraient pas!* dit l'avocat-général Marchangy, dans son fameux réquisitoire, où il dévoilait les intrigues et les complots des *Carbonari*.

1,823 4 *mars*. Expulsion de *Manuel*, député de la Vendée.

ESPAGNE. FERDINAND VII jure la constitution des Cortès de 1812.

Le duc d'*Angoulême* entre en Espagne. Après la prise du *Trocadéro*, il ramène Ferdinand VII à Madrid. Les chefs constitutionnels sont proscrits ; la réaction est violente, malgré la convention d'*Andujar* foulée aux pieds par l'armée de la foi.— La *Sainte-Alliance* triomphe.

72e Roi. **CHARLES X**, né le 9 octobre 1757, veuf le 2 juin 1805, de Marie-Thérèse de Savoie ; sacré à Reims, le 29 mai 1825.

1,824 16 *septembre*. Charles X succède à son frère. Il abolit la censure, et dit : *plus de hallebardes !*

1,825 Indépendance de *St-Domingue* reconnue ; milliard d'indemnité aux émigrés ; création du 3 p. %, par de Villèle.

28 *septembre*. Mort du général *Foy*, député de Vervins.

Révolution Grecque. Le prince *Othon* de Bavière Ier roi.

1,827 — Les *Grecs* s'étaient soulevés en 1821, contre les *Turcs* ; soutenus par les grandes puissances, ils deviennent libres. La flotte turque est incendiée à *Navarin*, le 20 octobre 1827, par les flottes combinées de France, d'Angleterre et de Russie.

1,829 8 *août*. Le ministère Polignac remplace le ministère modéré de Martignac et de Hyde-de-Neuville.— Progrès de l'opposition libérale : associations pour le refus de l'impôt.

1,830 221 députés répondent au roi, *qu'il n'y a pas concours de vues* entre son ministère et la chambre. Dissous, les 221 sont réélus et persistent dans leur vote.

Conquête d'Alger.

L'envoyé François reçoit du *Dey Hussein* un coup d'éventail. La France, insultée, arme une flotte commandée par l'amiral *Duperré*, qui débarque le 14 mai, à *Torré Chicca*. Le 4 juillet, le maréchal *Bourmont* entre à Alger.

RÉVOLUTION des 27, 28, 29 juillet.

1,830 — 25 *juillet*. Ordonnances de Charles X qui suspendent la Charte, la liberté de la presse, et dissolvent la chambre des députés. — 27, protestation des journalistes : réunion des députés chez *Casimir Périer*. — 28, le peuple prend les armes et s'empare de l'hôtel-de-ville. Paris est en état de siége : *Marmont* commande la troupe ; mais des *barricades* sont dressées ; on dépave les rues.— 29, les Tuileries et le Louvre sont envahis par le peuple : le général *Lafayette* a le commandement de la garde nationale ; un gouvernement provisoire est institué.

2 *août*. Abdication de Charles X : le duc d'*Orléans* est nommé Lieutenant-général. — 3, réunion des chambres. Charles X part de Rambouillet, et s'embarque à Cherbourg pour *Holy-Rood*. Ses ministres : *Polignac*, *Peyronnet*, *Chantelauze* et *Guernon-Ranville*, condamnés le 23 décembre, par la chambre des pairs, sont renfermés à Ham (Somme.)

Dynastie Orléanienne.

73me Roi. **L.-PHILIPPE Ier**, roi des Français, né le 6 octobre 1773, de Louis-Philippe-Joseph d'Orléans ; marié le 25 novembre 1809, à Marie-Amélie, fille de Ferdinand, roi des deux Siciles.

1,830 — 7 *août*. Le trône déclaré vacant, les députés défèrent la couronne à *Louis-Philippe* Ier. Il se rend le 9 à l'assemblée, et prête serment à la nouvelle Charte. On crée la décoration de juillet.— Ministère *Lafitte*.

Tout rentre momentanément dans l'ordre ; mais le parti *républicain*, trompé dans ses espérances, se déclare contre le gouvernement : il est *vaincu* à Paris les 5 et 6 juin 1832, et à Lyon, en 1834. Les *Légitimistes* s'agitent aussi dans la Vendée et le Midi : la duchesse de *Berri*, vendue par *Deutz*, son confident, est arrêtée à Nantes et transférée à Blaye (1832.) Pendant quatre ans Louis-Philippe a lutté contre les émeutes : il en a triomphé. C'est à son habileté et à son énergie que l'Europe doit le maintien de la paix. Il a eu le bonheur de rendre au commerce, à l'industrie, aux arts, la prospérité des plus beaux jours de la restauration.

Le fils aîné du roi a le titre de prince Royal.

1,835 28 *juillet*. Machine infernale dressée par *Fieschi*, *Pépin* et *Morey*. Le roi est légèrement blessé : le maréchal *Mortier* et plusieurs autres personnes périssent. Jugés par la chambre des pairs, ces 3 assassins sont exécutés en février 1836.

1,836 25 *juin*. *Alibaud* attente encore à la vie du roi : il est condamné le 9 juillet à la peine des parricides.

Révolution Belge, les 26, 27, 28, 29 septembre.

1,830 Les *Belges*, las du joug hollandais, se révoltent et chassent de Bruxelles le fils du roi *Guillaume*. Ils organisent un gouvernement provisoire : le congrès souverain choisit pour roi, le 4 juin 1831, le prince *Léopold*, qui épousa le 9 août, la princesse *Louise*, fille du roi des Français.

Révolution Polonaise.

1,830 Opprimés par les Russes, les *Polonais* chassent le grand duc *Constantin* (29 novembre), et organisent un gouvernement provisoire. Le czar *Nicolas* marche contre eux : les Russes sont mis en déroute à *Grochow* ; ils sont encore battus à *Ostrolenko*, en 1831 ;

1,831 mais le 8 septembre, *Warsovie* est prise après neuf mois de combats héroïques, et les Polonais sont proscrits et leurs biens confisqués.

ESPAGNE.

Loi salique abolie. DONA ISABELLE II.

1,833 — Le 20 *juin*. Les cortès réunies prêtent serment à Dona *Isabelle II*, et *Ferdinand* VII institue régente *Marie-Christine*, son épouse. A la mort de Ferdinand, son frère *Don Carlos* entre en Espagne : la guerre civile ravage les provinces du Nord. La régente, livrée à ses propres ressources, malgré le traité de la *quadruple alliance*, est forcée par la garnison de la *Granja* (Maison Royale à Saint-*Ildéfonse*), de prêter serment à la constitution de 1812 : elle ordonne, par décret du 13 août 1836, que cette constitution soit publiée.

PORTUGAL.

DONA MARIA II, fille de Don Pedro.

La constitution décrétée en 1820, par les Cortès, fut renversée en 1823. *Don Pedro*, après la mort de son père, *Jean VI*, donna une constitution en 1826, et céda ses droits à sa fille *Dona Maria II* : il institua *Don Miguel* régent.

1,833 Mais celui-ci se fit proclamer roi. En 1833, *Don Pedro*, qui avait quitté le Brésil, vint à Lisbonne, chassa son frère Don Miguel, et rendit le trône à sa fille, qui s'est vue forcée,

1,836 (sept. 1836), de prêter serment à la constitution de 1820.

SUÈDE.

BERNADOTTE Jean-Baptiste-Jules, né à Pau, le 26 janvier 1764 ; roi de Suède le 5 février 1818.

1,809 — *Gustave IV*, ayant été forcé d'abdiquer la couronne en 1809, son oncle, le duc de Sudermanie, régna sous le nom de *Charles XIII*. Ce roi étant mort sans héritier direct, *Bernadotte*, général français, lui succéda le 5

1,818 février 1818, sous le nom de *Charles XIV*. La diète d'*Orebro* l'avait élu prince royal le 21 août 1810. Il porta les armes contre sa patrie à laquelle il doit son élévation.

DANEMARCK.

1,817 — Le roi Christian VII ayant fermé ses ports à l'Angleterre, les Anglais bombardèrent *Kopenhague* et prirent toute la flotte danoise. A la paix de 1814, les alliés enlevèrent la *Norwège* à *Frédéric VI*, roi de Danemarck depuis 1808, et lui donnèrent en place le duché allemand de

1,814 *Luxembourg*.

Souverains de l'Europe pendant le 19e siècle.

ANGLETERRE. 1,760 Georges III — 1820, Georges IV.— 1830, Guillaume IV, régnant.

ALLEMAGNE. 1,792 François II devenu en 1806 empereur d'Autriche sous le nom de François Ier.—1836, Ferdinand IV.

ESPAGNE. 1,778 Charles IV.— 1808, Ferdinand VII.— 1808, Joseph Bonaparte.— 1814, Ferdinand VII.— 1833, Dona Isabelle II, sous la régence de sa mère Marie-Christine.

PORTUGAL. 1,786 Marie.—1816, Jean VI,—1826, Dona Maria II.— 1828, Don Miguel.— 1833, Dona Maria II.

DEUX SICILES. 1,759 Ferdinand IV.— 1806, Joseph Bonaparte.—1808, Joachim Murat.—1815, Ferdinand IV.—1825, François Ier.— 1830, Ferdinand II, régnant.

RUSSIE. 1,796 Paul Ier.—1801, Alexandre Ier.— 1825, Nicolas Ier.

SARDAIGNE. 1,796 Charles-Emmanuel IV.— 1802, Victor Em. V.— 1821, Charles-Félix.— 1830, Charles de Carignan.

PRUSSE. 1,797 Frédéric-Guillaume III, aujourd'hui régnant.

TURQUIE. 1,789 Sélim III.— 1808, Mustapha IV.— 1808, Mahamond II, aujourd'hui régnant.

PAPES. 1,775 Pie VI,—1800, Pie VII.—1823, Léon XII.—1829, Pie VIII.—1831, Grégoire XVI.

AMÉRIQUE.

Pendant le 19me siècle, l'Amérique s'est affranchie du despotisme européen. Les *Etats-Unis*, devenus puissants avec un gouvernement sage, étendent leurs relations, et commandent à tout le Nord. — Le *Mexique* s'est constitué en république. — Le *Guatimala* s'est affranchi le 1er juillet 1833. — *Bolivar*, porté à la dictature le 17 décem. 1833, a fondé la république de la Colombie. — *L'Amérique du Sud* a marché aussi vers le progrès.

Découvertes, Inventions, et Fondations.

1,800 — Création des Préfectures (17 février.)
— Organisation des tribunaux (18 mars) ; juges inamovibles.
1,801 — Ecoles primaires et Lycées (Ier mai) ; — fusées à la Congrève.
1,803 — Organisation de l'Institut ; — 1804, code civil.
1,806 — Erection de la colonne Trajanne, terminée en 1810.
— Base du système métrique décimal ; — pont des Invalides,
— Lithographie ; enseignement mutuel ; — abattoirs.
1,807 — Institution de la cour des Comptes ; — bateaux à vapeur.
1,808 — Napoléon crée une noblesse héréditaire.
1,809 — Commencement de la bourse à Paris.
1,819 — Carbonari à Naples ; — 1810, éclairage par le gaz.
1,823 — Ier pont en fer en Angleterre.
— Voyage du capitaine Duperrey autour du monde.
1,834 — Eoliennes, voitures à voiles.
1,836 — Inauguration de l'arc de triomphe de l'Etoile.
1,836 — 25 octobre, érection de l'obélisque de Luxor.

TABLEAU SUPPLÉMENTAIRE. — RÉVOLUTION FRANÇAISE.

Troisième Race.

BOURBONS.

FRANCE.

LOUIS XVI.

1,786 — La France était calme en apparence. L'affaire du *Collier* impudemment acheté au nom de la reine, par le cardinal de *Rohan*, poussé par la *Dubarri*, avait soulevé le peuple contre la royauté. Ce procès fut scandaleux.

Ire Période. — *Royauté Constitutionnelle.*

1re *Assemblée* des Notables.

1,787 — L'incapable *Calonne* succède à *Necker* : il contracte des emprunts que les ordres privilégiés ne veulent point couvrir. Les *Notables*, au nombre de 137, sont réunis à Versailles : ils donnent des avis. De *Brienne* propose l'impôt sur le timbre et une subvention territoriale de 80 millions : le *parlement* refuse d'enregistrer. Ce ministre songe à le remplacer par une cour plénière : le projet est découvert par le conseiller d'*Esprémenil*, et de Brienne est révoqué.

2me Assemblée.

1,788 *Necker* est rappelé. La Bretagne s'insurge : on assemble encore les *Notables*; ils admettent la double représentation du *tiers-Etat*, pour laquelle le frère du roi s'était prononcé. Le triomphe du parti populaire n'était plus douteux.

1,789 Quelques élections sont orageuses : des *clubs* se forment. Le célèbre *Mirabeau* est nommé à Aix : les électeurs donnent aux députés des cahiers où sont déposés leurs vœux.

ÉTATS-GÉNÉRAUX. 1214 députés, 306 du clergé, 285 de la noblesse, 621 du *tiers-Etat*.

5 *mai*. On réunit les *Etats* à Versailles pour mieux les dominer. On humilie le *Tiers* par des distinctions injurieuses : les deux autres ordres délibèrent à part. Le 20 juin, la salle du *Tiers* est fermée : *Bailli*, président, les réunit dans un *Jeu de Paume* : là, on jure de ne se séparer qu'après avoir doté la France d'une *Constitution* !

Prise de la Bastille.

Le *Roi* ordonne à l'assemblée de se dissoudre : elle décrète l'inviolabilité de ses membres ! *Necker* est exilé. La cour veut employer la violence ; mais la garde nationale s'organise sous le commandement du général *Lafayette*, et, le 14 juillet, s'empare de la *Bastille* dont le gouverneur de Launay est massacré. Le *Roi* voit le danger de la résistance, il se rend sans escorte aux *Etats* qu'il nomme *Assemblée nationale* : il fait éloigner les troupes de Paris, et nomme *Bailli* maire. Les princes émigrent. Le 17 juillet, le *Roi*, accompagné de cent membres, se rend à l'hôtel-de-ville; *Bailli* lui adresse ces mots: *Sire, j'apporte à V. M. les clefs de sa bonne ville de Paris; ce sont les mêmes qui ont été presentées à Henri IV. Il avait reconquis son peuple: ici le peuple reconquis son roi.* Louis XVI prend la cocarde tricolore.

ASSEMBLÉE NATIONle. Émigration.

4 *août*. Séance de nuit. On abolit les droits féodaux et les priviléges : on accorde la liberté de la presse.

Journées des 5 et 6 octobre.

La misère est dans Paris : le peuple demande du pain et la mort des traitres; une armée de femmes et d'hommes déguisés fond sur Versailles. Le *Roi* chassait à Meudon : il rentre. On l'accusait de céder à de perfides insinuations.

Lafayette dispose des postes dans le château. A 10 heures du soir, des instigateurs s'introduisent : la *Reine* va être massacrée; mais les gardes-du-corps, qui avaient causé cette émeute par leurs bravades, lui laissent le temps de s'échapper. Le *Roi* se rend à Paris avec sa famille, où il est reçu avec acclamations; mais son autorité avait été méconnue. Alors l'assemblée nationale prend le nom de *Constituante* et tient sa 1re séance à l'archevêché, le 19 octobre 1789.

ASSEMBLÉE CONSTITUANTE.

30 *novembre*. La Corse est réunie à la France.

17 *décembre*. Les *assignats* sont créés.

1,790 15 *janvier*. La France est divisée en 83 départements, en districts, en cantons et en municipalités.

13 *février*. Suppression des vœux monastiques. — 16, abolition des lettres de cachet. — 30, institution du Jury.

Fédération.

14 *juillet*. 500 mille Français se réunissent au Champ de Mars. Là, 200 prêtres, vêtus d'aubes blanches, couvrent les degrés de l'autel de la patrie : la messe est célébrée par l'évêque d'Autun, de *Talleyrand-Périgord*.

1,791 16 *août*. Justices de paix; 6 sept. Parlements supprimés.

Dans la nuit du 20 au 21 juin, le *Roi* quitte Paris : reconnu par *Drouet*, maître de poste à Varennes (Meuse), il est arrêté. L'assemblée envoie au-devant de S. M. trois commissaires : *Barnave*, *La Tour-Maubourg* et *Péthion*. Barnave, jeune, pleurait dans la voiture. *Louis XVI* entre à Paris; aucune injure n'est proférée : les hommes restent couverts. — Les *gardes-du-corps* sont licenciés.

Le 27 *août*, déclaration de *Pillnitz* contre la France.

ASSEMBLÉE LÉGISLATIVE: 745 membres.

Elle tient sa 1re séance le 1er octobre. Les obstacles se multiplient; la *Vendée* se soulève; *Jourdan-coupe-tête* commet d'horribles massacres à Avignon; les prêtres inassermentés sont proscrits. Le malheureux *Louis XVI*, poussé d'un côté par la cour, de l'autre, par l'assemblée, ne sait plus quel parti prendre : il oppose son *veto* à des décrets coërcitifs : le peuple en masse se rend aux Tuileries, et ne se retire

1,792 qu'après avoir vu le Roi mettre le bonnet rouge (20 *juin*).

Journée du 10 août.

Le territoire français est envahi par les Coalisés qui marchent sur Paris. Le peuple, exaspéré, assiége les Tuileries au milieu de la nuit; on tire sur les *Suisses* qui se font tuer: les Tuileries sont envahies: c'est la dernière journée du pouvoir royal... Le *Roi* et sa famille sont enfermés au Temple!

Massacres des 2 et 6

Des scélérats, agissant sous l'inspiration de la *commune* dont font partie *Tallien*, *Robespierre* et *Billaut-Varennes*, massacrent dans les prisons les prêtres et les nobles qui attendaient leur mise en jugement. La tête et le cœur de la princesse de *Lamballe* sont portés sous les fenêtres du roi.

2me. PÉRIODE. — *Convention.*

CONVENTION: 749 membres.

1,792 Le 21 *septembre*, l'assemblée *législative* s'était dissoute en remettant ses pouvoirs à la *Convention nationale*, qui, sur la proposition du comédien *Collot-d'Herbois*, abolit la *Royauté* et proclame la *République* le 21 septembre : *l'ère républicaine* est instituée à partir du 22 septembre.

La *Convention* se divise en deux partis : les *Girondins* ou modérés, représentés par Vergniaud, Louvet, Gensonné, Guadet, Isnard, Lanjuinais, etc. ; les *Montagnards* ou exaltés, dirigés par Robespierre, Saint-Juste, Marat, Callot-d'Herbois, Couthon, etc. — 6 novembre, *Dumouriez*, partisan de *Philippe-Egalité*, bat les Autrichiens à Jemmapes: la *Belgique* est conquise.

Procès du Roi.

1,793 C'est au sein des déchirements de la Convention qu'on s'occupe du procès du malheureux Louis XVI, abreuvé d'humiliations dans sa prison. Trois défenseurs lui sont accordés ; ces hommes de courage et de dévoûment sont : *Malesherbes*, *Tronchet et Desèze*; ce dernier parle deux heures avec autant d'énergie que de talent. Le *Roi* lui-même parle et s'exprime avec dignité. Le courageux *Lanjuinais* dispute à la Convention le droit de juger le *Roi*. — Le 17 janvier, le président *Vergniaud* prononce la condamnation à mort. Le *roi* déclare en appeler à la nation : le 18, le 19 et le 20, on débat la question d'un sursis : l'appel est déclaré nul ; et le 21 *janvier* 1793, *à 8 heures du matin*, *Louis* sort du Temple et monte avec courage à l'échafaud. Il veut parler, mais le brasseur *Santerre* ordonne un roulement, et la tête de l'infortuné monarque tombe sous le fatal couteau!

1re *Coalition.*

Les Conventionnels exaltés ne sont point satisfaits : la coalition des puissances les anime (9 mars.) Ils instituent un *Comité de salut public* qui fait arrêter les *suspects*, et un *Tribunal révolutionnaire* qui les condamne. — Le 31 mai, on s'insurge contre les *Girondins*; et le 2 juin, 29 sont proscrits. La faction de *Danton* et de *Robespierre* renverse celle de *Brissot* et de *Vergniaud* : c'est l'affreux régime de la *terreur* ! Le hideux *Marat* est assassiné le 13 juillet, dans un bain, par *Charlotte Corday*. Mais le 16 octobre, la *reine Marie-Antoinette* monte aussi sur l'échafaud. 15 jours plus tard, le 31, la *Montagne* fait expier à la *Gironde* son *modérantisme* : 21 membres sont guillotinés !

Exécution du duc d'Orléans.

18 *décembre*. Toulon, livré aux Anglais, est pris par *Bonaparte*. La *Convention*, secondée par la *commune* de Paris et les *Clubs*, s'empare de la dictature; ordonne la destruction de Lyon et les noyades de Nantes. La France, avec les échafauds, et la guerre contre les *Chouans* dans la Vendée, présente partout le spectacle du carnage ! Mais à l'extérieur, la Convention organise la victoire, en déployant une admirable énergie.

1,794 5 *avril*. Exécution du fougueux *Danton* âgé de 35 ans. Robespierre voit tomber la tête de son adversaire, se frotte les mains et se perd dans la foule. — 13 avril, exécution de *Chaumette*, procureur de la commune de Paris. — 9 mai, Exécution de la sœur du roi, madame *Elisabeth*, âgée de 30 ans.

Révolution thermidorienne.

27 et 28 *juillet* (9 et 10 thermidor an II.) — *Robespierre*, député de Paris, né à Arras, était président de la Convention et pontife de la fête de l'Etre-suprême. Tant d'honneurs lui tournent la tête ! il se croit tout permis. Les *Montagnards* et les *Girondins* l'accusent.... *Henriot*, chef de la force armée, lui offre de massacrer ses ennemis : il refuse, se présente à la Convention; on crie : *à bas le tyran !* on l'arrête avec ses amis.... Les *Jacobins* les délivrent.... Le sang coule dans Paris qui se déclare pour la Convention. *Henriot* se cache dans un égoût; *Couthon* essaie de se poignarder; on lui casse les reins; *Robespierre* se fracasse la mâchoire. Le 10, ces hommes, tout mutilés, sont exécutés. — Le 11 et le 12, 83 de leurs complices sont guillotinés. Telle fut la journée du 9 thermidor, opérée par *Vadier*, *Tallien*, *Billaud*, *Féron* : elle fit cesser la *terreur*.

1,795 31 *janvier*. Conquête de la Hollande par Pichegru. — 14 février, premier traité de la pacification de la Vendée, conclu avec *Charrette*. — 6 mai, exécution de *Fouquier-Tinville*, accusateur public, et de 15 juges.

Journée du 1er prairial an III.

20—28 *mai*. Les *Montagnards* excitent des troubles que favorisent la disette et la marche rétrograde de la Convention. Le tocsin sonne : du pain et 93, tel est le cri d'un peuple poussé par *Barrère*, *Collot-d'Herbois*, *Vadier*, *Fouché*, *Siéyès*, *etc.* Le député *Féraud* est tué à la tribune : sa tête, au haut d'une pique, est placée sous les yeux du président *Boissy-d'Anglas*. Le courageux citoyen la salue et reste impassible : 30 membres anarchistes sont décrétés d'accusation et exécutés.

LOUIS XVII, fils de Louis XVI.

30 *mai*. La célébration des cultes est autorisée. — 8 juin, mort du *Dauphin*, Louis-Charles, duc de Normandie. Il était âgé de 10 ans et 2 mois. Les mauvais traitements que lui fit essuyer le cordonnier *Simon*, où, par mépris, on l'avait placé, hatèrent la mort de ce prince destiné au trône, sous le nom de Louis XVII.

21 *juillet*. Les émigrés Français, trahis par les Anglais, sont défaits à *Quiberon* par le général *Hoche*.

Journée du 13 vendemaire an IV.

Le retour à un régime modéré enhardit les royalistes : ils provoquent un mouvement à Paris, *le 13 vendemiaire*. Unis avec les bourgeois et les marchands, au nombre de 40 mille, ils marchent sur les Tuileries où siége la Convention. *Pichegru* traite avec le *prince de Condé* : *Lanjuinais*, *Boissy-d'Anglas* proposent de traiter avec les insurgés. Les Conventionnels se défendent.... *Barras* commande les troupes républicaines : le jeune *Bonaparte*, avec son canon, foudroie les révoltés sur les degrés de l'église de St-Roch : plus de 2,000 personnes périssent!

32 sections sur 48 révoltées et battues.

— 26 *octobre*. La Convention, qui rendit 8,370 décrets, se démet de son pouvoir dictatorial. Elle triomphait sur tous les points, ne laissant pour ennemis à la France, que l'Angleterre et l'Autriche.

3me PÉRIODE. — *Directoire.*

1,795 28 octobre. 1re séance du conseil des *Anciens* et de celui des *Cinq Cents*. Le pouvoir exécutif est confié à un Directoire composé de cinq membres : *Barras*, *Carnot*, *Larévellière*, *Rewbel* et *le Tourneur* : ils n'eurent aucune consistance politique; ce fut une espèce de *Juste-Milieu*

1,796 qui rappela les désordres de la *régence*. — 19 décembre, la fille de Louis XVI sort du Temple; le 26, elle est échangée contre *Camus*, *Lamarque*, *Maret*, *Sémonville*, *Drouet*.

Campagnes d'Italie.

Bonaparte part pour Italie : il est victorieux à Monfenotte, le 12 avril; à Castiglione, le 3 août; à Arcole, le 15 novembre.

BONAPARTE *Général en Chef.*

1,797 17 *octobre*. Les succès du jeune général contraignent l'empereur d'Autriche à demander la paix : elle est signée à *Campo-Formio*.

Journée du 18 fructid.

A l'intérieur, le pouvoir était faible : le parti des *Bourbons* avait trouvé accès dans le conseil des Anciens et menaçait le Directoire. Celui-ci eut recours à un coup d'Etat. Le 18 fructidor, 4 septembre 1797, il fait enlever les principaux conjurés et les déporte sans jugement à *Sinnamary*

Campagne d'Egypte.

1,798 1er *juillet*. Bonaparte débarque en Egypte. — 21, bataille des Pyramides. — 25, prise du Caire. — 1er et 2 août, bataille navale d'Aboukir : la flotte française est detruite par l'amiral Nelson.

2me *Coalition.*

1,799 7 *mars*. Prise de Jaffa. — 11 mars, peste de Jaffa. — 18, siége d'Acre. — 8 avril. Mais les conférences de Rastadt sont rompues, et la France est menacée d'une 2e coalition. — Bonaparte est forcé de rentrer en Egypte. — 16 avril, bataille du Mont-Tabor. — 25 juillet, bataille d'Aboukir. C'est là que Kleber, prenant Bonaparte dans ses bras, lui dit : *général, vous êtes grand comme le monde*; mais la France perd l'Italie ! — 22 août, Bonaparte s'embarque, laissant le commandement à *Kléber*. Le 6 octobre, il débarque à Frejus : le 16, il est à Paris.

18 brumaire an VII.

10 et 11 *novembre*. Bonaparte voulant s'emparer du pouvoir, se présente, avec des soldats, au conseil des *Cinq Cents* dont son frère *Lucien* est président. Il n'y montre pas la fermeté de Cromwel, mais il en a le bonheur. Les députés crient et refusent de se retirer : la salle est envahie: tout fuit à travers les jardins. Les députés traitres votent des remercîments à Bonaparte. Le *Directoire* est aboli : il est remplacé par un *Consulat provisoire*, composé de Bonaparte, de Siéyès et de Roger-Ducos.

CONSULAT.

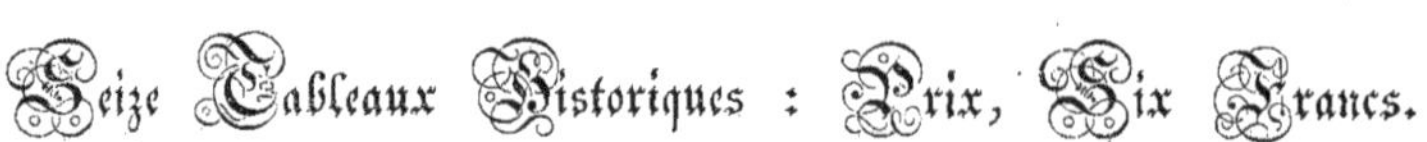

Seize Tableaux Historiques : Prix, Six Francs.

Dans le Prospectus qu'il a publié, M. BRUANDET n'avait promis à ses Souscripteurs que le résumé, par siècle, de l'histoire du *Moyen-Age* et de l'histoire *Moderne*; mais, pour rendre son ouvrage plus complet, et conséquemment plus utile, il a jugé à propos de faire précéder l'histoire du *Moyen-Age* d'un Tableau indiquant la fondation des principaux états de l'*Histoire Ancienne*, accompagné d'une Notice historique pour laquelle il a suivi la chronologie de l'art de vérifier les dates, chronologie adoptée aujourd'hui par l'Université.

Cette addition fort importante, bien qu'elle ait nécessité un surcroît de travail tant pour la rédaction que pour l'impression, n'augmentera point le prix de l'ouvrage pour MM. les Souscripteurs : qu'ils soient bien convaincus que ces Tableaux, tirés à un petit nombre d'exemplaires, sont, pour M. Bruandet, une œuvre de conscience et non un moyen de spéculation.

Maintenant on peut considérer cet ouvrage comme un cours complet d'Histoire, où les Maîtres ainsi que les Élèves puiseront tous les élémens propres à ce genre d'étude. Comme il n'est pas possible de tout prévoir, ni de tout dire dans un résumé, quelqu'étendu qu'il soit, l'Auteur a dû laisser aux Maîtres le soin de présenter des développemens, s'ils les jugent nécessaires, en les mettant, toutefois, en rapport avec l'âge et avec le degré d'intelligence de leurs Élèves.

(Note de l'Éditeur.)

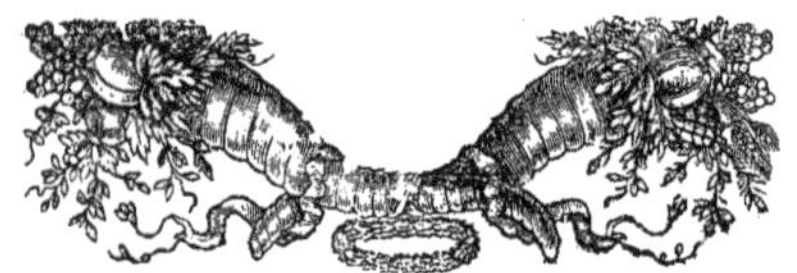

Nevers, Imprimerie de I.-C. LAURENT, Libraire-Éditeur.

www.ingramcontent.com/pod-product-compliance
Ingram Content Group UK Ltd.
Pitfield, Milton Keynes, MK11 3LW, UK
UKHW022004260726
13994UKWH00004B/1946

9 782329 433547